公路工程智慧工地建设技术

安徽省交通控股集团有限公司　著
江苏中路信息科技有限公司

人民交通出版社股份有限公司
北京

内 容 提 要

本书围绕公路工程施工过程中的"人、机、料、法、环、安全"等管理要素,从工程建设过程中的关注要点、控制难点等出发,针对智慧工地建设的发展现状及框架、基于信息化的智慧管理技术、预制梁生产智慧管控技术、沥青路面施工智慧管控技术、物联网智慧检测技术、施工环境智慧监测监控技术、智慧工地多业务集成平台开发应用七个方面介绍公路工程智慧工地建设技术。

本书可供公路工程建设、施工人员参考。

图书在版编目(CIP)数据

公路工程智慧工地建设技术/安徽省交通控股集团有限公司,江苏中路信息科技有限公司著. —北京:人民交通出版社股份有限公司,2023.9(2025.7重印)
ISBN 978-7-114-18761-2

Ⅰ.①公… Ⅱ.①安… ②江… Ⅲ.①智能技术—应用—道路工程—工程施工 Ⅳ.①U415-39

中国国家版本馆 CIP 数据核字(2023)第 074309 号

Gonglu Gongcheng Zhihui Gongdi Jianshe Jishu
书　　名:	公路工程智慧工地建设技术
著 作 者:	安徽省交通控股集团有限公司　江苏中路信息科技有限公司
责任编辑:	朱明周
责任校对:	赵媛媛　魏佳宁
责任印制:	张　凯
出版发行:	人民交通出版社股份有限公司
地　　址:	(100011)北京市朝阳区安定门外外馆斜街 3 号
网　　址:	http://www.ccpcl.com.cn
销售电话:	(010)85285857
总 经 销:	人民交通出版社股份有限公司发行部
经　　销:	各地新华书店
印　　刷:	北京建宏印刷有限公司
开　　本:	787×1092　1/16
印　　张:	11
字　　数:	213 千
版　　次:	2023 年 9 月　第 1 版
印　　次:	2025 年 7 月　第 3 次印刷
书　　号:	ISBN 978-7-114-18761-2
定　　价:	66.00 元

(有印刷、装订质量问题的图书,由本公司负责调换)

《公路工程智慧工地建设技术》
编 委 会

主　　编：郑建中　邵　虎　高学华　张志祥
编　　委：李景丰　刘　强　邱旭光　朱　玉　唐建亚
　　　　　韩　磊　何文政　张　帆　王艳利　张孝虹
　　　　　范　军　黄圣恩　宋营军　郑　建　顾春旺
　　　　　姚孝虎　许沛龙　吕　阳　刘永松　张韩帅
　　　　　徐　慧　黄　爽
参编单位：安徽省交通控股集团有限公司
　　　　　江苏中路信息科技有限公司

前　言

《中国制造2025》指出,要把智能制造作为工业化和信息化深度融合的主攻方向,全面提升研发、生产、管理的智能化水平,推动我国制造模式从"中国制造"向"中国智造"转变。从2016年3月起,交通运输部陆续颁布了多项政策,《交通运输科技"十三五"发展规划》以及《交通运输部办公厅关于印发公路水运品质工程评价标准(试行)的通知》(交办安监〔2017〕199号)、《交通运输部办公厅关于推进公路水运工程BIM技术应用的指导意见》(交办公路〔2017〕205号)、《关于推动交通运输领域新型基础设施建设的指导意见》(交规划发〔2020〕75号)等均对公路工程智慧工地建设、研究和发展提出了指引方向与相关的要求。《交通强国建设纲要》中明确提出要大力发展智慧交通,推动大数据、互联网、人工智能、区块链、超级计算等新技术与交通行业深度融合,推进数据资源赋能交通发展,加速交通基础设施网、运输服务网、能源网与信息网络融合发展,构建泛在先进的交通信息基础设施。政策的引领给公路工程智慧工地建设提供了明确的发展方向,创造了良好的契机。在信息技术的快速发展和融合下,长久以来制约公路工程信息化的瓶颈已经逐渐消除,作为传统行业的交通工程正逐步向现代化行业转型。

智慧工地是指运用信息化手段,围绕施工过程管理,建立互联协同、智能生产、科学管理的施工项目信息化生态圈,在信息化生态圈中对通过物联网采集的大量工程数据进行数据挖掘分析,提供过程趋势预测,实现工程施工可视化智能管理,以提高工程管理信息化水平。公路工程建设具有建设规模大、分布范围广、建设周期长等特点,从项目开始立项到交竣工验收,历经质量、安全、环保等多个环节,管理难度大。借助物联网技术以及信息化管理工具,推行"智慧工地"建设,能够有效地提高工程施工效率,提升公路工程建设质量。

本书围绕公路工程施工过程中的"人、机、料、法、环、安全"等管理要素,从工程建设过程中的关注要点、控制难点等出发,针对智慧工地建设的发展现状及框架、基于信息化的智慧管理技术、预制梁生产智慧管控技术、沥青路面施工智慧管控技术、物联网智慧检测技术、施工环境智慧监测监控技术、智慧工地多业务集成平台开发应用七个方面介绍公路工程智慧工地建设技术。

相信本书的出版,将有助于公路工程智慧工地建设技术的推广和应用,推动公路工程的智慧化转型升级,实现工程建设事前预控、事中管控、过程决策、事后闭环的全过程智慧管理,达成工程建设项目"进度可知、现场可视、数据可查、质量可管、安全可防、全程可溯",对于提升工程建设过程中的管理和施工效率、提升工程质量安全水平等具有重要意义。

郑建中
2023 年 5 月

目 录

第1章 绪论 ·· 1
 1.1 智慧工地的提出及发展历程 ··· 1
 1.2 智慧工地研究、应用现状 ·· 7
 1.3 智慧工地系统平台整体框架 ·· 11
 1.4 本章小结 ··· 18

第2章 基于信息化的智慧管理技术 ·· 19
 2.1 技术背景 ··· 19
 2.2 人员管理 ··· 20
 2.3 设备管理 ··· 28
 2.4 物料管理 ··· 33
 2.5 本章小结 ··· 36

第3章 预制梁生产智慧管控技术 ··· 37
 3.1 预制梁生产智慧管控技术背景 ··· 37
 3.2 预制梁生产智慧管控的内容 ·· 41
 3.3 预制梁生产管理智慧管控 ··· 44
 3.4 预制梁生产工艺智慧管控 ··· 48
 3.5 预制梁生产质量智慧管控 ··· 59
 3.6 预制梁厂制造与BIM技术融合 ·· 62
 3.7 本章小结 ··· 64

第4章 沥青路面施工智慧管控技术 ·· 65
 4.1 沥青路面施工智慧管控背景 ·· 65
 4.2 沥青原材料智慧管控 ·· 66
 4.3 路面混合料生产运输智慧管控 ··· 69
 4.4 沥青混合料施工智慧管控 ··· 74
 4.5 沥青路面施工智慧管控平台 ·· 78
 4.6 本章小结 ··· 81

第5章 物联网智慧检测技术 ·· 83
 5.1 物联网智慧检测技术发展背景 ··· 83

5.2 物联网检测参数 86
  5.3 物联网检测设备 88
  5.4 物联网检测平台 96
  5.5 物联网智慧检测技术应用案例 104
  5.6 本章小结 115

第6章 施工环境智慧监测监控技术 116
  6.1 智慧监测技术现状及需求 116
  6.2 环保监测 119
  6.3 安全监测 129
  6.4 视频监控 137
  6.5 智慧监测与其他平台融合应用 141
  6.6 本章小结 142

第7章 智慧工地多业务集成平台开发应用 144
  7.1 智慧工地多业务集成平台设计 144
  7.2 智慧工地多业务集成平台功能 152
  7.3 本章小结 167

第1章 绪 论

1.1 智慧工地的提出及发展历程

1.1.1 建设智慧工地的必要性

1)传统施工转型需要

在公路工程施工现场存在着多种大型设备,施工环境复杂且危险,施工人员众多且分散作业。参建单位仅仅依靠传统的管理方法无法实现有效的管理,不能够充分保障人员、机械安全,无法有效监管施工质量,存在各类质量、安全事故隐患,有可能引发严重后果(图1-1)。

图 1-1 近几年道路、桥梁安全事故

在项目管理中,涉及的管理要素很多,包括人员、设备、技术等。施工管理是全面的整体性工作,要进行综合考量,不但要在既定的建设周期内完成施工,也要考虑施工的建设成本;要充分进行工程进度的管理工作,也要充分考虑工程建设的质量安全情况。此外,如何安排施工人员、设备按照标准的施工秩序,分批次进场以减少窝工等现象也需要统筹考虑。总之,公路工程因建设规模较大、涉及人员设备多、工作面广,施工过程中的材料管理、人员管理、设备管理、安全管理、质量管理、环保管理等都面临极大的压力。

在信息化时代,交通运输行业正在进行新一轮的转型升级,工程建设逐渐向着数字化、信息化以及智能化的方向发展。而想要彻底改变传统施工现场中人员的交互方式、工作的管理方式、质量的监管方式等不易把控的问题,就需要通过信息化、智能化的手段做好项目的管理工作,提供更为高效、精细、系统的指导、监管、服务,减少施工过程中的人为干预,增强施工过程中的安全性与可控性,实现施工现场科学、有效的信息化管理。因此,智慧工地这一概念应运而生。

2)国家、行业、地方的相关政策要求

2015年5月19日,国务院正式印发的《中国制造2025》指出,要把智能制造作为工业化和信息化深度融合的主攻方向,全面提升研发、生产、管理的智能化水平,推动我国制造模式从"中国制造"向"中国智造"转变。

2016年3月,交通运输部发布的《交通运输科技"十三五"发展规划》指出,重点开展交通基础设施智能化等方面的基础前沿研究。

2017年,交通运输部发布《交通运输部办公厅关于印发公路水运品质工程评价标准(试行)的通知》(交办安监〔2017〕199号),将标准化设计、智慧工地、施工作业标准化、信息化等列入了平安百年品质工程创建的考评指标。

2017年,交通运输部印发《交通运输部办公厅关于推进公路水运工程BIM技术应用的指导意见》(交办公路〔2017〕205号),提出实现工程设计、施工、养护、运营管理信息传递共享和工作协同,促进工程建设项目全程信息化。

2019年7月,交通运输部印发《数字交通发展规划纲要》(图1-2),加快交通运输信息化向数字化、网络化、智能化发展,为交通强国建设提供支撑;明确我国数字交通发展将构建数字化的采集体系,推动交通基础设施规划、设计、建造、养护、运行管理等全要素、全周期数字化。

2019年9月,中共中央、国务院发布《交通强国建设纲要》(图1-3),进一步明确了交通运输行业发展的战略方向,提出了建设交通强国的宏伟目标。《交通强国建设纲要》提到,要紧紧围绕统筹推进"五位一体"总体布局和协调推进"四个全面"战略布局,坚持新发展理念,坚持推动高质量发展,牢牢把握交通"先行官"定位,适度超前,进一步解放思想、开拓进取,由依靠传统要素驱动向更加注重科学技术创新驱动转变,推动交通发展由追求速度规模向更加注重质量效益转变;推动先进信息技术(5G[①]、大数据、物联网、区块链、人工智能等)

[①] 5G:5th Generation Mobile Communication Technology,第五代移动通信技术。

深度赋能交通基础设施，实现精准感知、精确分析、精细管理和精心服务能力全面提升，构建泛在先进的交通信息基础设施；推动数据资源赋能交通发展，构建综合交通大数据中心体系，提升数据采集、传输、存储能力，加强数据共享融合、创新应用、安全保障和管理体系建设，打造一流设施、一流技术、一流管理和一流服务，为建成人民满意、保障有力、世界前列的交通强国提供有力支撑。

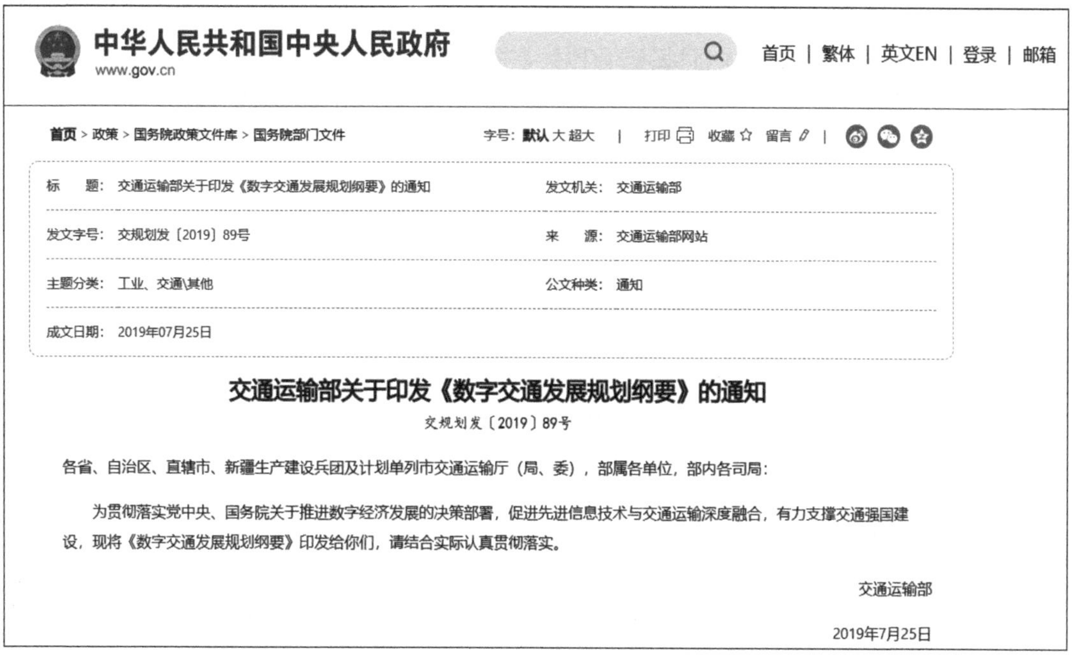
中华人民共和国中央人民政府
www.gov.cn
首页 | 繁体 | 英文EN | 登录 | 邮箱

首页 > 政策 > 国务院政策文件库 > 国务院部门文件　　字号：默认 大 超大 | 打印 收藏 留言 |

标　题：	交通运输部关于印发《数字交通发展规划纲要》的通知	发文机关：	交通运输部
发文字号：	交规划发〔2019〕89号	来　源：	交通运输部网站
主题分类：	工业、交通\其他	公文种类：	通知
成文日期：	2019年07月25日		

交通运输部关于印发《数字交通发展规划纲要》的通知

交规划发〔2019〕89号

各省、自治区、直辖市、新疆生产建设兵团及计划单列市交通运输厅（局、委），部属各单位，部内各司局：

为贯彻落实党中央、国务院关于推进数字经济发展的决策部署，促进先进信息技术与交通运输深度融合，有力支撑交通强国建设，现将《数字交通发展规划纲要》印发给你们，请结合实际认真贯彻落实。

交通运输部

2019年7月25日

图 1-2　《数字交通发展规划纲要》

2020 年，交通运输部下发《关于推动交通运输领域新型基础设施建设的指导意见》(交规划发〔2020〕75 号)，提出持续推动自动驾驶、智能航运、智慧工地等研发应用，实施一批先导应用示范项目。

2021 年，交通运输部印发《数字交通“十四五”发展规划》，提出：一是完善部、省两级综合交通运输信息平台架构，推进综合交通大数据中心体系建设，加强数据资源的整合共享、综合开发和智能应用，打造综合交通运输“数据大脑”；二是加快推进交通新基建，推动新技术与交通基础设施融合发展，赋能传统交通基础设施，推动交通基础设施数字转型、智能升级，提升基础设施安全保障能力和运行效率。

2022 年，江苏省交通运输厅印发《江苏公路科技“十四五”发展纲要》，明确要以构建适应公路现代化需要的科技创新体系为主线，以科技创新能力建设为基础，以科技研发和应用推广为重点，以营造创新环境为保障，全面提升公路科技创新发展水平，支撑江苏加快建设交通强省、交通运输现代化示范区。提出要统筹重点领域科技研发方向，从公路建设、公路养护、数字智慧、绿色低碳、安全服务五个领域,布局"十四五"重点领域研发任务。

图 1-3 《交通强国建设纲要》

从公路工程建设行业的数字化转型需要及各级政府的政策可以看出,智慧工地建设是行业发展的重点方向,必须予以足够的重视。

1.1.2 智慧工地的概念

智慧工地是指在工程实施过程中,综合运用物联网、大数据以及云计算等先进的信息技术,通过三维设计平台对工程项目进行精确设计和施工模拟,围绕施工过程中机械设备、材料以及环境等的管理,建立互联协同、智能生产、科学管理的施工项目信息化生态圈,对物联网采集的工程数据进行挖掘分析,提供过程趋势预测及专家预案,做好施工场地的立体化模型的建设,在具体的操作过程以及全过程的监管过程中,开展工程生命周期的可视化管理,打造贯穿整个过程的绿色建造、生态建造以及智慧建造体系(图1-4)。

智慧工地将人工智能、传感技术、虚拟现实等高科技植入机械、人员穿戴设施、场地进出关口等各类物体中,并且被普遍互联,形成"物联网",再与"互联网"整合在一起,实现工程管理干系人与工程施工现场的整合。智慧工地的核心是以一种"更智慧"的方法来改进工程各干系组织和岗位人员的交互方式,以提高交互的明确性、效率、灵活性和响应速度。

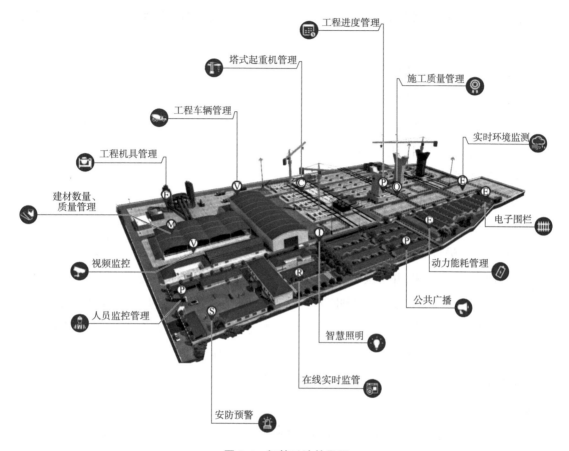

图 1-4 智慧工地效果图

1.1.3 智慧工地的发展阶段

国内智慧工地的发展历程可划分为三个阶段,分别为研究阶段、概念定义阶段与实施探索阶段。

1.1.3.1 研究阶段

1992 年,华南理工大学建筑工程系张原、叶作揩等人将数据库、绘图软件与人工智能技术相结合,利用神经网络研发了高层建筑结构施工方案智能辅助决策系统。1996 年,同济大学陈震、徐伟提出在建筑施工中应用人工智能,认为人工智能方法应用于建筑施工的最终结果是使建筑施工彻底工业化;提出利用工程人工智能方法在建筑施工领域中开发具有多媒体功能的建筑施工决策支持系统,建立配合多媒体建筑施工决策支持系统的数据库、知识库、方法库和模型库,完善多媒体建筑施工决策支持系统与外部系统的技术接口。2001 年哈尔滨工业大学王要武教授提出了将人工神经网络运用到建筑管理当中。

在此研究阶段，虽然有众多工程实践人员与学者不断研究探索，各类研究成果成就了如今智慧工地的实现，但受限于当时信息化、智能化及相关技术的发展水平，并不能完全满足实际应用需要，其研究成果未能大范围地实施与应用。

1.1.3.2 概念定义阶段

2012年，"智慧工地"的概念首次被提出。上海市宝山区提出探索运用"制度+科技"的方法，构建"四位一体"的监管体系，不断完善建筑市场管理的长效机制，建设工程综合管理信息系统，共享全部项目信息，实现在同一个平台上共同监管。

2013年，中国联通打造工地远程视频监控系统，可以对工地的施工全过程进行监督，管理者通过该监控系统可及时发现工地中的安全质量隐患，及时进行排查。该系统能够实现省内联网、分级监管（包括各级监管部门、投资建设单位、施工单位和监理单位等）等功能。各级管理者都可通过监控中心大屏幕、电脑网页端、移动终端APP远程查看工地现场的实时画面，有效提高工作效率，并解决了工地管理中人力、物力不足造成的监管难的问题。

2014年，广联达股份有限公司刘刚对智慧工地进行了更加全面的定义。他提出，智慧工地就是充分利用新一代信息技术，改变施工项目现场参建各方的交互方式、工作方式和管理模式。智慧工地应充分体现感知化、互联化、物联化、智能化的特点。同年，广联达股份有限公司郭冬建对智慧工地含义进行了新的解读，他认为新形势下的智慧工地应包含全模型、碎片化应用、大数据、大协同等新的内容。

2015年，西安科技大学通信与信息工程学院薛延峰提出，在应用物联网技术的背景下，智慧工地的实施将实现对工地施工进度的全面掌控，工地的各级管理人员不必到工地现场便可及时、准确地掌握现场的具体进展情况，内容涵盖工人考勤情况、机械设备操控情况、施工材料使用情况等。

1.1.3.3 实施探索阶段

从智慧工地的概念提出开始，智慧工地受到公路工程行业各单位的广泛关注，众多企业展开了对智慧工地的探索应用。为推动智慧工地的应用，各大企业开始建设智慧工地示范项目，树立、宣传样板工地，组织观摩活动，进行经验交流。同时，为了支撑智慧工地的健康发展，各大软件企业研发智慧工地应用软件系统。

智慧工地对物联网设备进行数据自动化采集、识别，通过互联网进行数据传输，在服务器终端进行数据分析处理，实现工地现场数据的自动化、移动化收集与处理，利用平台内在算法，对目标结果进行优化迭代，为施工决策提供依据。随着智慧工地技术的不断应用，公路工程施工企业对智慧工地的认识也不再流于表面，而是通过应用智慧工地提高施工效率、降低企业风险,从而得到效益。

1.2 智慧工地研究、应用现状

1.2.1 智慧工地研究现状

在发达国家,建筑工地信息化与智能化管理起步较早。虽然发达国家存在众多信息化、智能化管理工具与平台,但并未曾提出智慧工地的概念。早在1991年,日本京都大学学者开发了一个专家系统,在该系统中,只需要输入桥梁的构造情况与桥梁的破坏情况,系统将自动识别出桥梁的破坏程度,并提出应急措施与修复方法,该系统可协助施工人员在现场做出正确决策。2004年,日本全面推行了建设项目全生命周期信息化。2016年,莫斯科国立土木工程大学学者在计算机辅助设计(CAD)的基础上,提供了一个统一的平台进行交互,利用电子图纸和图表展现工程的建设情况,证明了在三维电子图的情况下,可视化的实现是最有效的。新加坡国立大学学者 Min-Yuan Cheng 致力于开发混合人工智能工具,并且成功应用于建筑行业,特别是在建筑管理领域。英国剑桥大学的 Soga 团队将无线传感技术应用到伦敦地铁工程进行监测,这种感知技术在工程建设领域被广泛应用。

中国的建筑信息化大约起步于2000年,BIM[①]的概念大约在2003年引入中国的建筑行业。2010年,清华大学 BIM 课题组参考美国 NBIMS[②]标准,提出了中国建筑信息模型标准(CBIMS)框架,主要定义了 CBIMS 标准的基本框架。

2012年,住房和城乡建设部发布《关于印发 2012 年工程建设标准规范制订修订计划的通知》(建标〔2012〕5号),首次明确提出开展我国 BIM 相关标准的制定工作,这里的"相关标准"主要涵盖了以下五项 BIM 标准:《建筑工程信息模型存储标准》《建筑工程设计信息模型交付标准》《建筑工程信息模型应用统一标准》《制造工业工程设计信息模型应用标准》《建筑工程设计信息模型分类和编码标准》。

2017年9月,交通运输部印发了《关于开展公路 BIM 技术应用示范工程建设的通知》(交办公路函〔2017〕1283号),推动 BIM 技术在公路设计、建设、运营各阶段的应用。

BIM 技术发挥上层信息集成、交互、展示和管理的作用,而物联网技术则承担底层信息感知、采集、传递、监控的功能。二者在交通项目上的集成应用,可以实现交通建设全过程"信息流闭环",实现虚拟信息化管理与实体环境硬件之间的有机融合。BIM 与物联网在交

---

① BIM:Building Information Modeling,建筑信息模型。
② NBIMS:National BIM Standard,美国国家建筑信息模型标准。

通领域的深度融合与应用,势必将提升到智慧交通的新高度,成为未来交通行业信息化发展的重要方向之一。

近些年,在工程施工现场管理领域,智慧工地建设成为热点。物联网、BIM 技术、云计算、大数据等多项信息技术的创新应用,为智慧工地建设创造了无限可能。在智慧工地建设过程中,可以全方面整合现有信息技术,充分实现对各项智能技术的多方联动、整合集成应用。这当中,信息管理平台技术的应用十分关键,对各项数据信息进行采集、整合、分析,应用数据交换标准技术,以促进建设项目的各方主体在管理平台上实现协同工作的目标。

在建筑施工中,为提高项目施工管理,使用 BIM 技术、智慧工地技术进行全面信息化管理,并对 BIM 模型进行一模多用,发现应用智慧工地和 BIM 结合的技术在施工节点、安全控制、成本收益、预算工程量等方面有较好的应用效果,有效地加快了施工进度,提高了施工质量。

在桥梁建设中,利用 BIM 技术在信息传递方面的优势,结合智慧工地、互联网等技术,构建了包含五个层次的基于 BIM 技术的智慧工地协同管理平台。管理平台包含安全管理、质量管理、进度管理、成本管理及协同管理五大功能模块,以 BIM 模型为载体,建立数据库,利用 BIM 技术对施工过程进行模拟,以消除安全隐患,帮助项目团队提高管理水平,增强了信息化传输能力,有效提升了工作效率与工程质量,有效提升工程建设的数字化、自动化和智能化水平。

在水系、流域水环境综合治理项目应用智慧工地技术,管理人员能够通过手机进行安全检查,可以依据系统内的风险识别评估检查表和近期隐患数据开展检查,实现了安全管理流程的在线处理,实现安全检查的便携化、自动化、数据化,并通过大数据分析给安全管理人员直观的量化分析结果和趋势预判,从而为安全管理决策提供重要的参考依据。

在超高层建筑工程中,研究人员以施工阶段管理为主线,采用 BIM + 智慧工地的管理新模式搭建管理平台,进行了质量、安全、生产等方面的应用实践,显著提升项目各方协同和现场精细化管理水平,实现了信息化综合管理,为 BIM + 智慧工地这种新技术的实际应用提供了一定的参考。

彭镇东等人在《基于物联网与 BIM 交互技术的大型预制梁厂运维管理》中提出以 BIM 与物联网技术为载体的集成化管理平台,可以辅助施工管理,提高施工效率。丁彪等人在《基于 BIM 的智慧工地管理体系框架研究》中提出我国智慧建造方面的研究更多地集中在宏观建造过程及关键技术应用,很少从微观和实践角度出发开展分析。

还有研究人员基于公路工程点多、线长的施工特点,施工质量及施工安全易受多种因素影响,探讨"智慧工地"构建意义、所需关键技术及其有效应用路径,对施工过程、施工现场、施工资源进行全面的动态监控,打造安全文明工地,实现精益建造、绿色建造和生态建造,推动公路工程项目的高质量开展,保障公众出行的安全、舒适与高效,充分发挥"智慧工地"的应用价值。

1.2.2 智慧工地应用现状

随着信息化、物联网、5G、高精度定位技术的快速发展,长久以来制约公路工程信息化的瓶颈已经逐渐得到消除。目前,公路工程建设行业已经逐步向现代化方向转型。智慧工地平台已逐步应用于公路工程从项目立项到交竣工的整个建设过程,贯穿了质量、安全、环保等多环节,借助物联网技术以及信息化管理工具,可实现对项目管理、两区三厂、施工工艺、试验检测及数据监测等的智慧管控。在公路工程领域,智慧工地技术主要用于项目管理、施工质量管控、安全管理、施工环保管理等方面,能够有效地提高工程施工效率,提升公路工程建设质量水平。

1.2.2.1 项目管理中心系统

项目管理中心系统是工程项目管理建设的重点和核心,由组织管理、计量支付管理、合同管理、进度管理、变更管理、办公管理、文档管理、党建廉洁等子系统组成(图1-5)。项目管理中心系统的作用是:①实现工程项目更高效、便捷的管理,解决施工管理过程中存在的问题,实现施工进度可视化管理;②实现合同、变更、计量支付等流程的在线处理、查看,并提供统一通讯录、即时交流等功能,可随时随地处理信息,实时性强,提高办事效率;③实现各种审批流程中各个审批环节和短信系统集成,针对系统中的审批待办等各种管理数据,发送手机短信息,方便相关人员及时了解待办任务和公司资讯。

项目管理中心系统的建设有利于及时处理个人办公事务,将各审批流程转为在线处理,有利于项目进度的及时更新,从而推进计量支付等流程,有利于工程施工项目的精细化管理,提升工程管理效率,为项目实时的管理提供了便利,也为今后对项目相关事务的查询提供了网络数据库,最终实现项目的智能化管理。

1.2.2.2 施工质量管控系统

为实现工程信息智能监管,构建物联网络,形成路面施工信息化监管系统。深圳某高速工程路面建设项目提出通过建设公路工程安全管控云平台数据库,深度融合大数据、物联网、人工智能等,构建基于大数据的公路工程安全智能管控云平台,提高公路工程安全管控信息化水平,借助先进的信息技术总体管控公路工程建设安全。江苏省丹阳市357省道改扩建工程中,利用物联网技术加装了质量管控系统,开发沥青管控系统、水稳管控系统和桥涵结构物管控系统,研发预警统计、沥青混合料摊铺温度、出料温度、水稳的水泥剂量、桥涵结构运输车辆、生产量等功能模块,从事后把关转向事前控制,达到预防为主、全程管控的目标。

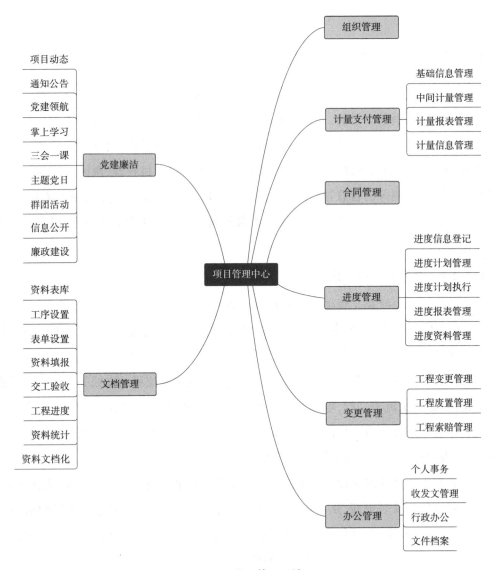

图 1-5　项目管理系统

1.2.2.3　项目安全管理系统

上海某建设项目开发应用了智能型道闸管理系统及工地巡查手持系统,以 RFID[①] 技术为基础,结合自动控制技术、计算机技术、无线通信技术,为工地安全管理工作提供一套切实可行、经济高效、安全可靠的管理方案。

---

① RFID:Radio Frequency Identification,射频识别。

施工现场智能安全巡检技术是通过一种智能软件融合施工现场考勤管理、现场违章管理等。其中,施工现场考勤管理的实现方式是:将无源标签通过注塑的方式嵌入安全帽中,每位员工都需要一顶带有标签的安全帽来标识身份,作为进出施工现场的数据载体。具体操作是:先把员工信息存储到数据库,并与其相应的安全帽标签进行配对(同时通过Wi-Fi一键导入手持机);在工地门口安装闸机,系统自动记录考勤信息,将员工信息显示在门口的大屏幕上;员工无须停留、排队、登记;对于没有戴定制安全帽的员工或外来人员,将会被拒之门外,以免给施工现场造成不必要的安全隐患。施工现场违章管理的实现方式是:工地安全巡检人员进行检查时,对工人现场违章行为进行实时取证(拍照记录),对违章员工进行身份核实、信息记录,并在巡检结束后传到数据库,从而实现对施工班组的安全状况进行有效监管;还能随时盘查进出人员,若发现有工人私自替班或外来人员进入,可随时记录下来,从而实现对施工现场的违章情况进行有效监管。

1.2.2.4 工程环保管理系统

工程环保管理系统基于物联网、互联网、智能传感等技术,全方位、全过程监测工程建设各领域信息,实现对公路建设过程中的大气、水、噪声等各要素进行实时监测和管理,构建以省控网格、增补网格及项目网格为主体的交通建设工程的三级网格体系,并可与省级环保数据中心进行数据交互,形成环境监测数据共享和协同运作,实现环境污染实时监测、精准化管理、差别化管控、数字交互与联动(图1-6)。

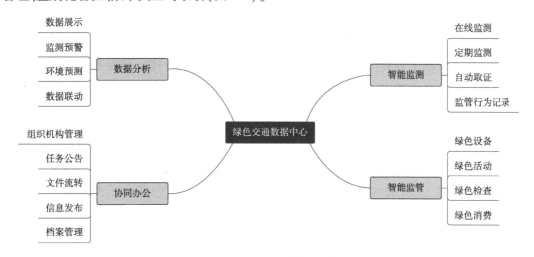

图1-6 工程环保管理系统

1.3 智慧工地系统平台整体框架

智慧工地系统平台是一个综合项目管控信息平台,利用物联网、人工智能、传感器等先进技术,深度融合 BIM 数据、GIS① 数据及物联网数据,围绕项目施工过程管理,建立互联协同、智能生产、科学管理的施工项目信息化生态圈,实现工程施工可视化智能管理,以提高工程建设管理水平。

1.3.1 智慧工地系统平台架构

1.3.1.1 智慧工地系统平台框架

智慧工地系统平台以"顶层设计"的原则进行规划,系统架构图见图 1-7,系统通常由"一个平台、一个中心、N 个应用"组成。其中,"一个平台"为智慧工地系统平台;"一个中心"为以先进的物联网技术搭载智能传感技术作为整个工程的底层平台支撑建立的信息化监控中心;"N 个应用"为智慧工地涉及的核心子系统模块,根据项目监管的实际需求,涵盖了多领域、多层次的相关应用。

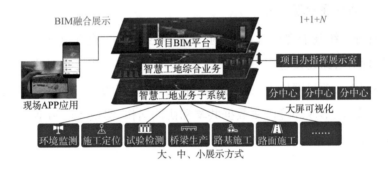

图 1-7 智慧工地系统平台架构图

智慧工地系统平台为了保持不同子系统的独立性和统一性,会将各个子系统都涉及的业务抽取成独立服务,这些服务包括组织服务、机械设备监测服务、采集服务、摊铺压实服务、短信/微信服务等。各个服务为有需求的子系统提供业务数据,各个子系统对处理业务数据进行处理,将业务数据转换成结果数据,并统一集成到智慧工地系统平台进行集中展示,用户可以通过智控中心大屏查看各个模块的统计数据;当需要查询各模块详细数据时,只需进入智慧工地系统平台对应模块即可。各个子系统服务的具体内容如下:

1)组织服务

将整个智慧工地系统的标段(项目)管理、用户管理、菜单管理、公司管理、权限管理整合在一起。用户登录智慧工地综合管理平台或子系统需要通过组织服务统一登录。不同用户的权限通过组织服务统一配置。

---

① GIS:Geographic Information System,地理信息系统。

2）机械设备监测服务

所有机械设备状态监测设备数据都发送到设备监测服务,统一处理每台机械每天的监测数据,形成对应设备的轨迹数据、机械工作时长以及工作时间分布等。该服务不涉及任何业务逻辑,仅向各个涉及机械设备管理的子系统提供与设备相关的共性数据,减轻子系统的数据清洗、处理、存储的压力。

3）摊铺压实服务

为路基压实和路面的摊铺压实提供数据支撑服务,接收高精度定位设备数据,对数据进行初步过滤、清洗(根据过滤规则过滤异常数据,再进行计算和分析),提供施工数据(碾压遍数、逐桩号摊铺压实数据等)的简单分析。各个子系统如果需要相关数据,可从该服务提取。

4）采集服务

将现场人员考勤、拌和数据(水泥、水稳、沥青等混合料)、环保数据、物料入场、试验检测等模块的数据集成在采集服务,采集服务再根据需要分发给各个子系统或者各个子系统从采集服务提取。

5）短信/微信服务

将短信发送以及微信发送单独集成为一个服务,根据消息转发服务提供的数据进行消息推送。

1.3.1.2 智慧工地系统平台网络架构

智慧工地系统平台建设内容一般涵盖项目管理、人员管理、设备管理、物料管理、质量管理、安全管理、环保管理等多个方面。系统软件平台的网络构建一般包含基础设施层、公共技术层、业务层、网关层、展示层。智慧工地系统平台网络架构如图1-8所示。

1）基础设施层

基础设施层包含关系型数据库、Redis 集群、Kafka 集群、OSS 对象存储、非关系型数据库等。在这个层面,通过配置各种类型的服务器、数据库,满足大规模数据集合多重数据种类的处理。

2）公共技术层

公共技术层包含统一消息服务、内容搜索服务、文件存储服务、分布式定时调整、分布式日志、分布式事务,用于为系统平台提供常规的操作服务。

3）业务层

业务层包含人员管理、设备管理、物料管理、预制梁厂制造智慧管控、沥青路面施工智慧管控、智慧检测、环保监测、安全监测、视频监控、BIM 平台等。业务层通过特定的算法,对各个功能模块采集的数据进行处理、计算。

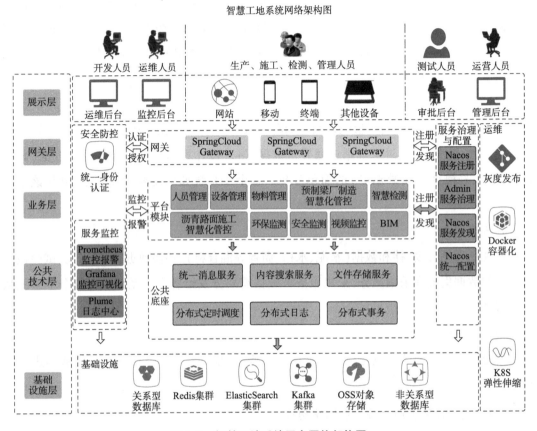

图1-8 智慧工地系统平台网络架构图

4）网关层

网关层应用SpringCloud Gateway，为微服务架构的系统提供有效且统一的API[①]路由管理，作为系统的统一入口，提供内部服务的路由中转，给客户端提供统一的服务，实现一些和业务层没有耦合的公用逻辑，主要功能包含认证、鉴权、路由转发、安全策略、防刷、流量控制、监控日志等。

5）展示层

展示层用于实现电脑端、移动端对系统平台功能及内容的操作。电脑端主要用于生产、施工、检测、监理、管理人员上传数据、流程审核等，开发、测试、运维等人员需要确保平台的正常运行。移动端主要用于通过安装智慧工地APP的手机、平板电脑等进行仪器操控、数据采集等工作。

---

① API：Application Programming Interface，应用程序编程接口。

1.3.1.3　智慧工地系统平台功能架构

智慧工地系统平台的功能涉及公路工程项目施工、管理过程中的各项业务,平台的主要业务模块包括智慧管理、预制梁生产智慧管控、沥青路面施工智慧管控、智慧检测、智慧监测等。智慧工地系统平台集成各子业务系统模块,对公路工程项目施工及管理中的各项业务进行统一管理,利用信息及数据交互技术,打通各业务系统间的数据壁垒,实现数据的统一和共享,并能为工程项目决策提供数据支撑,真正实现各业务模块数据间的深度融合和共享。智慧工地系统平台的功能架构见图1-9。

1）智慧管理

此模块对公路工程施工全过程的人员、设备、物料进行管理,实现人员考勤、定位的实时监管,实现进出场人员基本信息的及时更新,实现施工设备的工作定位、工作时长等的在线监管,实现物料进出库登记的在线把控。

2）预制梁生产智慧管控

采用智能化的生产设备、数字编码技术等,对预制梁生产、安装的全过程进行管控,实现预制梁从计划生产至安装完成的信息化追踪、质量溯源。

3）沥青路面施工智慧管控

此模块对沥青路面材料从拌和到施工完成全过程进行信息化监管,实现沥青路面施工过程的多维度数据采集、质量评价,并可以通过采用智能化的施工机械提升施工效率。

4）智慧检测

此模块对公路工程各环节室内试验检测以及现场试验检测进行管理,实现检测任务下发至生成报告的全流程在线操作,并通过应用智慧检测设备,实现试验过程的自动化操作、试验数据的实时上传等,提升试验检测的准确性及检测效率。

5）智慧监测

此模块对施工过程中环境的温湿度、噪声、大气污染情况进行监测及预警,实现绿色施工;对安全隐患进行排查,保障施工人员、设备的安全;通过视频监控设备,实现对重要施工区域及施工人员行为的监管。

6）智慧大屏

通过在项目部建设LED大屏,全方位展示智慧工地系统平台对项目各环节施工的监管效果,直观了解项目施工进度、施工质量,便于管理人员及时对现阶段施工情况做出调整。

7）智慧APP

通过在手机、平板等移动端安装智慧工地配套APP,项目相关人员能够随时随地掌握所负责环节的情况,及时处理收到的施工任务、预警处理信息等。

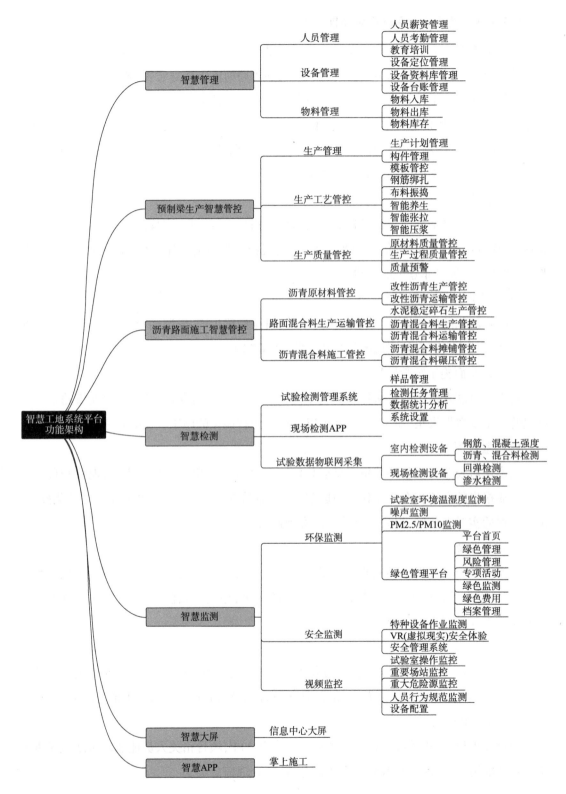

图1-9 智慧工地系统平台功能架构图

1.3.2 智慧工地建设原则

智慧工地建设采用"三统三分"原则,即统一顶层设计、统一基础数据、统一硬件支撑以及分期、分阶段、分系统建设,拟建设成支撑项目建设单位、施工单位的多级网络平台,集信息采集、监管、监控、指挥、协同办公、资源共享、服务于一身的综合智慧工地管控平台。

需求导向:以公路建设需求为导向,确定整合信息的范围、内容和方式。

标准先行:多部门共同制定公路建设信息资源整合与共享的标准体系。

保证质量:按照"一数一源、多元校核"的原则采集和处理项目各阶段建设过程信息,确保信息的真实性、准确性、时效性和权威性。

安全可靠:信息整合共享单位共同承担信息安全保密责任,系统平台通过技术手段确保信息传输的安全性。

1.3.3 智慧工地建设目标

智慧工地建设需应用"互联网+"理念,综合利用云计算、物联网、移动互联、人工智能(AI)等技术,以"云平台+子系统"创建模式对施工过程中的各关键要素进行统一调配和管理。通过构建基于"互联网+"的信息化智慧工地系统平台,实现在建工程各环节管理控制信息化、快速化、一体化,解决工程建设中数据不集中、信息分散、质量问题追溯困难等管理短板,提高工程项目的管理效率。

1.3.4 智慧工地系统平台特色

智慧工地系统平台具有以下特色:

1)项目建设环境真实化、对象模型化和过程智慧化

利用集成的智能开发平台(SIDP)、三维建模、数据自动采集等技术,实现项目建设过程对象模型化、环境真实化和过程智慧化。

2)建设过程业务精细化、状态可视化和监管智能化

利用物联网、5G、视频监控及识别等技术,实现业务精细化管理,各阶段及操作全程可视、无死角、零延误,过程可追溯,智能预警。

3)项目管理应用一体化、呈现全局化和决策智慧化

利用智能分析工具(BI)、数据仓库等技术,建设管理"一张图",实现应用一体化、统计分析全局化、项目管理精细化和辅助决策智慧化。

4)项目数据采集自动化、传输安全化和存储云端化

利用物联网、数据硬件加密、云计算、区块链等技术,实现平台各类数据自动采集,传输过程安全可靠,存储高效可用。

1.4 本章小结

目前,关于智慧工地的研究已经有一定的积累,特别是随着信息技术的快速发展,国内多个省份都在开展智慧工地相关的研究与应用,并且事实证明,信息化对于提高工作效率、提升工程建设管理水平具有突出的作用。

传统的公路工程质量管控主要依靠过程旁站、报验、检测等方式。近年来,随着信息技术的应用,越来越多的工程开始应用施工过程信息化管控措施,实现施工过程质量数据的全程在线。随之而来的问题是,采集的大量数据谁来用、如何用?这一问题,促使工程建设管理者开始思考信息化管控的价值所在。应用智慧工地系统采集施工过程的海量数据,再通过后台进行计算,对路面、桥梁工程的施工质量进行过程评价,从而充分发挥信息化管控的作用,可进一步提升工程建设品质。

在公路施工质量信息化管理产品的应用方面,普遍存在重复建设、信息不畅等问题,信息化的标准缺失,对施工质量信息化的定义仍然不清晰,采集的参数、频率、精度等方面缺少统一标准,采集的数据散落于多处,未能发挥协调联动的作用,采集的数据较多但价值有限,智慧工地与BIM的融合还不充分,这对BIM技术在公路工程建设与运营期间的应用与推广形成障碍。

本章首先简单介绍了当前工程施工安全、管理等方面存在的问题,以及国家对于工程数字化转型的要求,对为什么需要智慧工地做出解释;之后介绍了智慧工地的发展历程、研究及应用现状;最后对智慧工地的系统框架、网络架构、功能架构分别进行说明,对智慧工地的建设原则、建设目标、系统特色分别进行阐述,对智慧工地各子系统的建设目的、各功能模块的技术应用及施工过程信息化的体现进行详细的阐述,为公路工程智慧工地建设提供参考,促进公路工程建设向更加数字化、智能化、信息化的方向发展。

第 2 章　基于信息化的智慧管理技术

公路建设行业的蓬勃发展,不仅改善了国民的生活水准,提高了社会公共基础设施水平,还极大地推动了经济增长,吸纳大量劳动力就业。随着公路建设行业的需求和规模日益扩大,对工程项目的建设管理和技术提出了更高的要求。目前,我国公路建设领域的管理模式仍是以传统方式为主,信息技术应用得较少,工地现场管理智能化、智慧化水平低,各类安全问题、质量问题凸显。近年来,随着各级政府部门、建设单位对施工现场安全管理、工程质量、绿色环保等方面的管理要求越来越严格,工程项目管理难度日渐加大,传统管理方式越来越难以满足项目日常管理的需要,公路建设过程管理已进入智慧化转型升级的关键时期。

2.1　技术背景

时代发展与政策背景是"智慧管理"得以提出的重要原因。《建筑业"十二五"发展规划》(建市〔2011〕90号)与《2011—2015年建筑业信息化发展纲要》(建质〔2011〕67号)指出,要进一步深化发展建筑信息模型(BIM)、物联网、普适计算和可视化技术等新兴信息技术,加强工程施工的智能化控制与管理。《2016—2020年建筑业信息化发展纲要》(建质函〔2016〕183号)开启了我国建筑产业智能化的步伐,是首个促进我国智慧施工理论发展与工程实践的国家政策性指导文件。2017年7月20日,国务院印发的《新一代人工智能发展规划》(国发〔2017〕35号)也为未来我国的智慧施工理论完善提供了新的政策动力,该规划中明确指出:"……到2025年,人工智能成为带动我国产业升级和经济转型的主要动力"。

当前,工程施工行业已经开始从过去的劳动力与能源依赖型生产方式向以数据和信息集成为核心驱动力的现代化工程造物方式转变。

随着信息化技术的发展,智慧管理从低端的数据自动采集识别,逐步迈向高端的预警、分析、决策、反应等,使施工现场信息更加完备并实现协同。2020年政府工作报告提出,重点支持"两新一重"建设,标志着我国进入了新型智慧管理时代。智慧管理主要以5G通信、大数据、人工智能、工业互联网等为重点,改变传统建筑行业现场管理的交互方式、工作方式和管理模式,实现现场状态感知和工况数据采集、传输、存储、分析及应用,为中国经济增长提供新动力,为智慧发展建设奠定坚实基础。新一代信息技术将与实体经济在更大范围、更深层次、更高水平上融合,加快实体经济数字化、网络化、智能化升级。

智慧管理是信息化、智能化理念在工程领域的具体体现,从技术层面而言,智慧管理实现了信息技术和建造技术的充分融合,从根本上改变了基层建设的生产模式,使得施工建设标准化作业成为可能;从管理层面而言,智慧管理能够有效提升工程项目管理人员的管理水平和协同工作能力,充分对工程大数据开展分析利用,是一种全新的以数据为导向的建设项目管理模式。故而,推广和应用智慧管理成为解决传统施工管理弊病的不二之选。

近年来,我国公路建设已经取得了举世瞩目的成绩,党的十九大报告明确提出要建设"交通强国"。在全面体现新发展理念、奋力实现新时代战略目标的新征程中,我国将全面提升交通运输互联互通水平,加快建设覆盖全域、畅接各省、通达全国的国家级高速公路枢纽和便捷高效、全面覆盖的快速路网体系。

在我国公路建设突飞猛进发展的同时,在公路建设管理方面仍存在一定的不足,比如对人员、设备的管理方式仍比较传统,对物料的管理还不系统等。通过借鉴其他国家公路建设项目管理的先进经验,引入先进的管理理念、管理技术,对公路建设项目进行系统化、信息化调控,尽可能实现成本、质量、进度和安全管理的整体提升。为提升我国公路建设管理水平、增强国际竞争力,推进智慧化管理对于我国公路的建设而言是必经之路。

2.2 人员管理

随着社会经济的快速发展,交通行业建设规模不断扩大,每个工程项目的建设体量也急剧增加,项目现场情况更加错综复杂。传统的建设工地人员管理,一般采用人工登记造册、人工登记考勤、人工发放现金的方式,管理效率偏低且容易在管理上出现错误和纰漏。为改善这一状况,有必要进一步推动人员实名制和工资信息化管理,进一步加强智慧工地建设。

2.2.1 人员薪资管理

在我国建设行业发展过程中,早期参与现场施工的一线劳务人员一般通过亲友、老乡介绍的方式务工,不签订书面协议,不通过正规劳务公司即到工地现场从事施工作业,所以频繁出现劳务工人被拖欠工资的情况。近年来,虽然通过一系列政策措施加强对劳务人员的管理,已经取得较大进步,但仍存在部分劳务人员合法权益保障不到位的情况,主要原因包括以下几点:

1)基本信息不全

不少施工队、班组进场工人未携带身份证、银行卡或过期,导致项目部采集的信息失真;同时,部分劳务人员不能准确、完整地提供相应信息,导致基本信息录入不全或失真,影响薪资发放。

第2章 基于信息化的智慧管理技术

2）考勤时间难确认

项目部在代发人员工资时,要根据劳务人员日常考勤时间进行工资的核算发放,由于工程施工现场开放、作业时间不固定等因素,容易导致出勤时间记录出现偏差,造成劳资纠纷。

3）薪资结算不及时

由于劳务人员工作内容不确定、薪资标准难界定、施工工期紧张、管理人员不足等因素的影响,易导致人员薪资结算不及时,不能做到按月结算,甚至出现施工完毕后相当时间仍没有结算的情况,造成薪资结算拖欠。

为了解决以上相关问题,智慧工地系统平台中建设人员薪资管理系统,督促各参建单位严格按要求录入劳务人员信息,落实劳务人员实名制、用工合同制,实现人员在线考勤、人员薪资发放准确以及定期对薪资发放进行回访等各项工作,使劳务人员薪资管理有序、公开、公平地进行。人员薪资管理模块通常包括专用账户管理、薪资核算、薪资发放等功能。

劳务专用账户用于展示项目各标段的开户行名称、银行账户、币种、余额以及相关资金流向数据,每条转进转出金额均有明确的使用及来源记录(图2-1)。

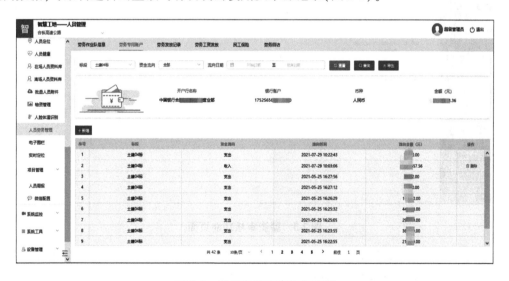

图2-1　劳务专用账户管理首页

施工单位财务人员根据劳务人员考勤情况,进行月度工资核算。核算过程中可查看劳务人员详细的考勤打卡位置和时间,根据时薪、工作时间或其他约定的方式确定最终的每月发放金额,系统会按标段显示每个标段的每名劳务人员的薪资发放情况(图2-2)。

在薪资审核过程中,可以根据项目特点设置等级审核,通常包括施工单位会计审核、总工审核和项目经理审核等。在前期,在系统配置中确定审核人员;在后期走流程时,会依次经过相应审批人审核(图2-3);如有问题,审批人直接退回到上一级进行修改。

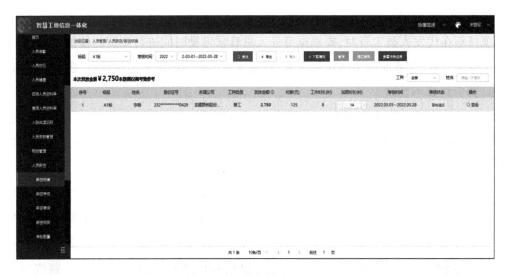

图 2-2 薪资核算功能页面

图 2-3 薪资审核功能页面

在施工单位出纳完成劳务工资发放后,由施工单位会计进行劳务工资发放确认,上传发放凭证,系统可显示本次薪资发放结果,显示"已发放"或者"未发放"(图 2-4)。

通过劳务发放记录模块,可以管理劳务人员工资发放情况,提供劳务人员工资发放明细和发放凭证等信息(图 2-5)。

人员薪资管理系统极大地方便了主管部门、建设单位对劳务人员工资发放的管理,解决了传统薪资发放模式的不准确、不及时等问题,防止了过去部分施工单位随意挪用人工费用、拖欠工人工资的现象。通过应用智慧工地薪资管理系统,降低了工程项目建设过程中因拖欠劳务工资而发生纠纷事件的概率,极大地维护了社会稳定。

第 2 章　基于信息化的智慧管理技术

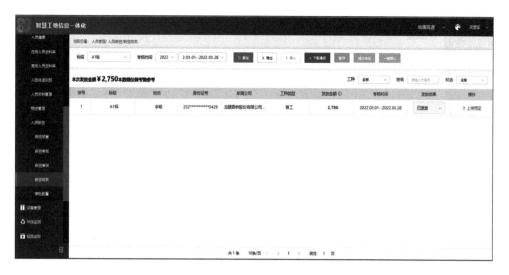

图 2-4　劳务薪资发放页面

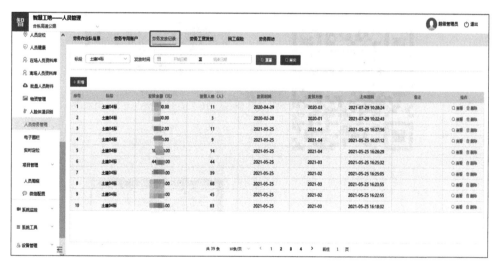

图 2-5　劳务发放记录页面

2.2.2　人员考勤管理

人员是工程建设中最重要的资源。人力资源调控对工期、进度具有至关重要的作用。作为智慧人员管理的核心功能,人员考勤管理为项目管理者实现对人员即时、合理的调控提供了不可缺少的视角。所有作业人员第一次进场前,必须录入详细信息,实行实名制管理。管理者可通过系统和二维码查看人员详细信息,获取现场作业状态和人员部署情况(图 2-6),第一时间做出合理的规划和调配,显著提高人员利用效率。

图 2-6　人员信息管理

2.2.2.1　门禁管理

部署门禁系统(图 2-7)，人员进出施工区域时，通过人脸识别或刷卡来开、关闸门。门禁管理系统可以控制人员的出入，并准确记录和统计人员出入数据。

2.2.2.2　人员考勤

人员考勤模块可以提供管理人员进场登记、管理人员出场登记、管理人员进出场汇总、作业人员进场登记、作业人员出场登记、作业人员进出场汇总等信息(图 2-8)。可利用配套APP 进行每日打卡。采集的作业人员信息主要包括单位名称、人员编号、姓名、身份证号码、标段信息、岗位、签到次数、体温检测次数、体温异常次数等。

一线工人是项目建设过程中最活跃且管理难度最大的要素，是智慧工地建设中需要重

第 2 章 基于信息化的智慧管理技术

点考虑的因素。人员考勤模块可以通过给劳务人员配备智能安全帽或智能手环,实现对作业人员信息的精准查询、管理。劳务人员佩戴智能安全帽或手环后,其信息便会显示在系统中,通过系统的电脑端、手机端便可清晰地掌握施工现场人员情况,可以对工人进行实时考勤,掌握其实时位置、作业过程中的运动轨迹(图 2-9),能有效地收集其行为数据进行分析,给项目管理人员进行监管提供科学的依据。在智慧工地中应用智能安全帽,不仅能为工人提供劳动防护,还可以通过与新兴技术的结合进行项目管理和安全防护管理。

图 2-7 门禁管理

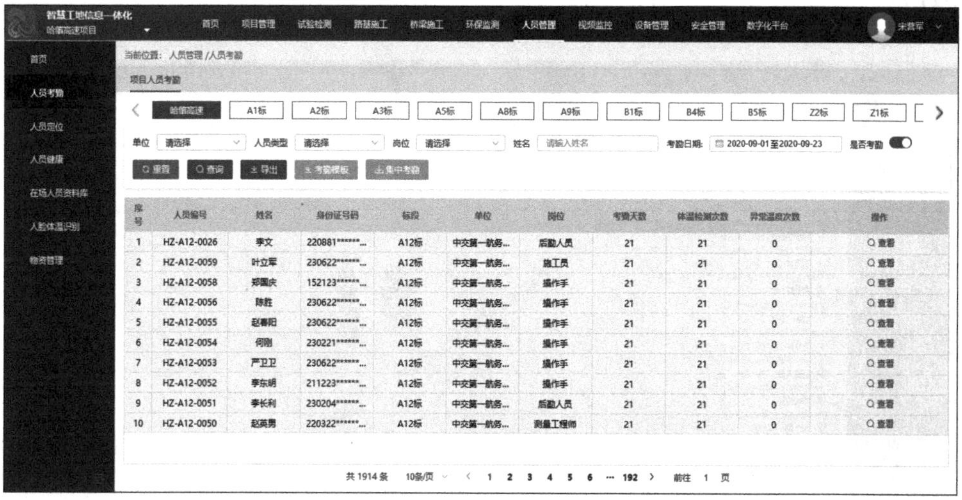

图 2-8 人员考勤管理

人员考勤模块还可提供外来人员管理功能。当外来人员进入封闭厂区时,可以通过微信扫描二维码的方式填写个人信息,实现对外来临时人员的管理。

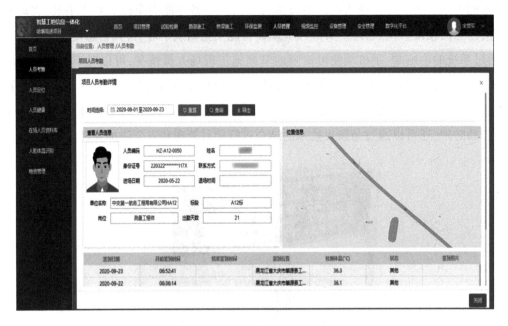

图 2-9 人员考勤定位管理

2.2.2.3 人员定位

在人员定位模块中,主要通过全球定位技术、超宽带技术等方法实现现场人员定位管理(图 2-10)。可以通过设置电子围栏,圈定人员安全活动范围,记录工作人员在作业区内的活动轨迹,可精准地管理作业人员活动轨迹,对超出电子围栏区域的作业人员进行预警、提示(图 2-11)。

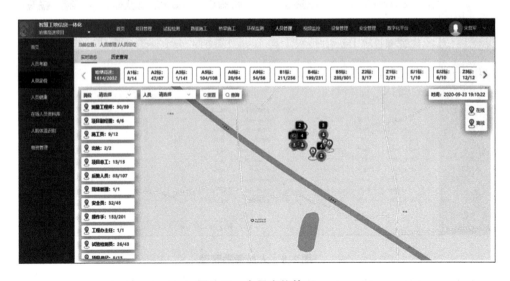

图 2-10 人员定位管理

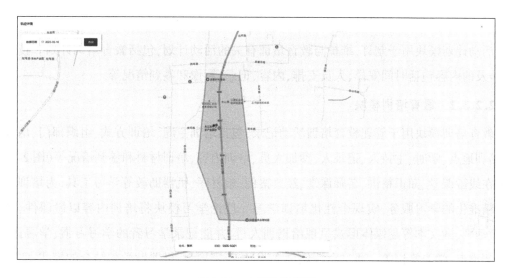

图 2-11 人员轨迹管理

2.2.3 教育培训管理

党的十九大以来,国家大力构建学习型社会。产业工人的职业教育和技能培训作为终身学习的重要组成部分,越来越受重视。党的十九大报告中指出要大规模开展职业技能培训,完善职业教育和培训体系。国务院出台了一系列关于职业教育和技能培训的指导性文件,大力推进职业教育和技能培训的发展。

我国是交通大国,交通建设行业在国民经济中占重要的部分,其产业工人数量庞大。随着科技的不断发展进步,建设领域新技术、新工艺、新材料以及新型管理手段层出不穷,这对建设行业从业人员的知识、技能提升提出了更高的要求,对其开展职业教育和技能培训的需求迫切,并成为影响交通建设行业转型发展的重要因素之一。当前,从业农民工文化及职业技能水平参差不齐,且流动性大,长期存在缺乏系统、有效培训的问题,这对建设项目的高质量发展造成了影响,无法满足我国交通产业工业化和现代化的需求。培训是提高交通建设行业从业人员职业水平和技能水平的主要途径,目前政府、行业主管部门在积极研究和推进从业人员的职业教育和技能培训工作,比如江苏省在安全生产三类人员培训考证、特种作业人员培训考证、岗位工作人员培训考证等方面做了大量的工作。但由于一线工人流动性大、工作任务重、文化水平不高、资金保障不足、培训导向与需求导向存在脱节等的问题,从业人员的职业和技能培训效果不理想。

在建项目建立教育培训管理系统,可以为所有参建人员提供一个便利且广阔的自我学习和提升的平台,建设和提升一线工人施工安全意识。管理人员可通过该平台上传安全培训的相关材料,记录工程项目各项安全活动事项,施工人员可在线学习。

2.2.3.1 活动计划模块

活动计划模块用于制订、维护与教育培训有关的活动计划,包括教育培训计划和技术交底,涉及的内容包括时间安排、人员安排、内容、记录、影像和签到情况等。

2.2.3.2 教育培训模块

教育培训模块用于管理教育培训活动记录,包括培训主题、培训方式、组织部门、培训时间、培训地点、学时、主持人、记录人、参加人员、培训内容、培训材料和签到情况等(图2-12)。通过在线微课堂、知识精讲、名师课堂、经典案例、素材库、机器助教等学习工具,为培训学员提供精准化的学习服务,实现个性化培训学习。理论学习模块将培训内容以微课件、微视频、微动画、微文本等超媒体形式呈现给培训人员,并能记录学习者的学习习惯、学习进程、学习侧重点、学习笔记等。通过个性化自主学习、专家导学、机器助学相结合的模式,实现灵活的、自主的智慧培训功能。

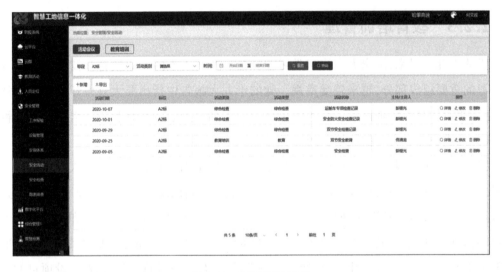

图2-12 培训记录界面

2.2.3.3 培训日志模块

培训日志模块可记录项目各班组培训情况,包括标段名称、班组名称、培训时间和培训纪要等内容。

2.3 设备管理

机械设备是开展施工活动的关键内容,如果没有机械设备提供支持,施工效率会严重降低,影响施工质量,导致施工进度受阻。例如在土方开挖作业中,如果仅仅依赖人力,将会导致施工效率严重降低,还会增加人力成本。随着施工技术水平的提高,公路工程建设过程中大量使用不同类型的施工设备,以满足多样化的施工要求。

由于公路施工设备数量和种类繁多,必须采用科学的管理方法才能让设备的作用最大化发挥出来,从而控制公路施工的成本。信息化技术能较好地满足对设备的管理要求,避免设备在安排和管理上的不合理,保证设备能及时投入施工当中,确保施工活动顺利开展。并且,利用信息化管理方法能减少对设备管理过程中的人力需求,提升管理工作的精度,完善对机械设备的精细化配置,压缩施工过程中的不合理成本,达到节约施工成本的目的。

2.3.1 设备定位管理

对于传统的机械设备,项目管理人员无法在施工全过程对每一台机械设备进行监控,而由一线工作人员操控。管理人员无法识别操作人员的短时间怠工、不安全行为等情况,这会影响施工进度并构成安全隐患。所以,对机械设备采用信息化定位管理是非常有必要的。

为了达到实时定位设备的目标,要使用物联网技术建立对设备实时监控的框架(图2-13)。比如在机械设备上安装传感器和全球定位设备,及时获取设备温度、压力情况以及位置信息,采集设备数据,然后将所有的传感数据都汇总到网络平台,以便能监控所有设备的变化情况。如果发现设备的温度、压力、位置存在问题,系统可以自动报警,由管理人员判断设备状态,分析是否控制设备停工。还可以采用可视化技术,对所有设备的状态进行可视化展示。

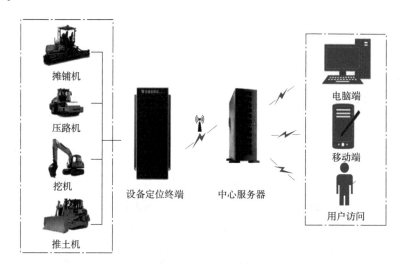

图2-13 设备定位管理系统架构示意图

例如:针对项目上某一台安装了信息化设备的摊铺机,可以在平台里查看它在任意时间的工作状态、是否在进行摊铺工作、正在摊铺的桩号是多少(图2-14),根据历史回访信息,可以查询此台摊铺机的任意一天工作量,以此来判断是否满足施工进度需求,及时对施工设备进行管理。

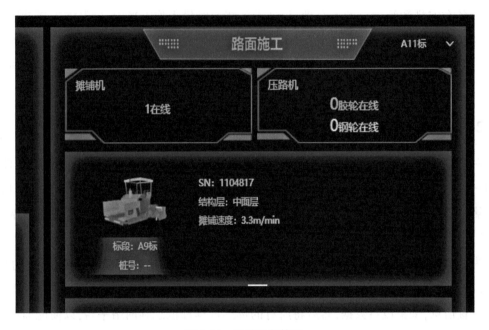

图2-14 机械设备管理

对机械设备安装定位标签,定位标签上有对应的设备二维码,工作人员可以扫描二维码获取设备的基本信息。管理人员可以实时监测所有机械设备的运行计划、运行时间、操作人员、工作区域、轨迹路径等关键信息,通过设备实时监测系统统一管理设备的运行数据(图2-15),结合全球定位系统智能划定电子围栏,对超出运行计划、运行区域或者运行数据异常的机械设备自动发出预警信息,并立即通知管理中心采取相应措施(图2-16)。

针对塔式起重机、施工升降机、高处作业吊篮等危险性较大的特种设备,机械设备管理系统设置有独立的特种设备管理模块。为有效防止特种设备事故导致的重大安全事故,系统依托微电子技术、无线通信技术、厘米级高精度定位技术等,对特种设备的保存、使用进行专业化的安全管理和安全防范。特种设备管理模块通过一级窗口清晰、直观地展示工地现场所有特种设备的总体信息、分布和运行情况、异常与预警信息等。进入每台特种设备的独立管理窗口,管理人员可通过多方位的摄像头实时跟踪、监控机械设备及操作员的运动过程,快速查询每台特种设备的详细运行信息、运行计划,实时联系设备操作员进行安全管理或者布置工作。

第2章 基于信息化的智慧管理技术

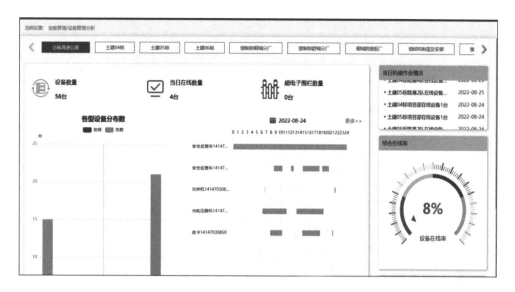

图 2-15　设备管理分析界面

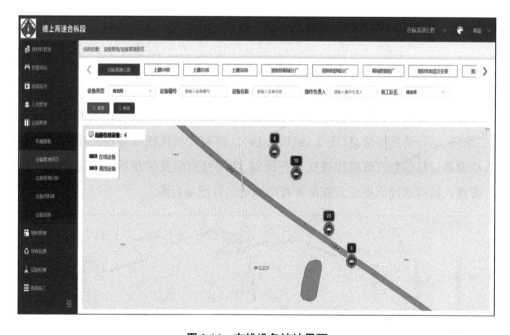

图 2-16　在线设备统计界面

2.3.2　设备资料库管理

针对项目所用机械设备，在设备管理系统中导入机械设备相关材料，包括维修保养记录、进出场登记信息等，形成项目设备进出场、维修保养等信息（图 2-17），管理人员可根据实际情况在线完成设备的进场或离场操作。设备离场，系统自动记录并同步隐藏数据库相应数据信息；设备进场，管理人员可在线上传相关信息，系统自动在资料库中新增该设备的详细信息。

· 31 ·

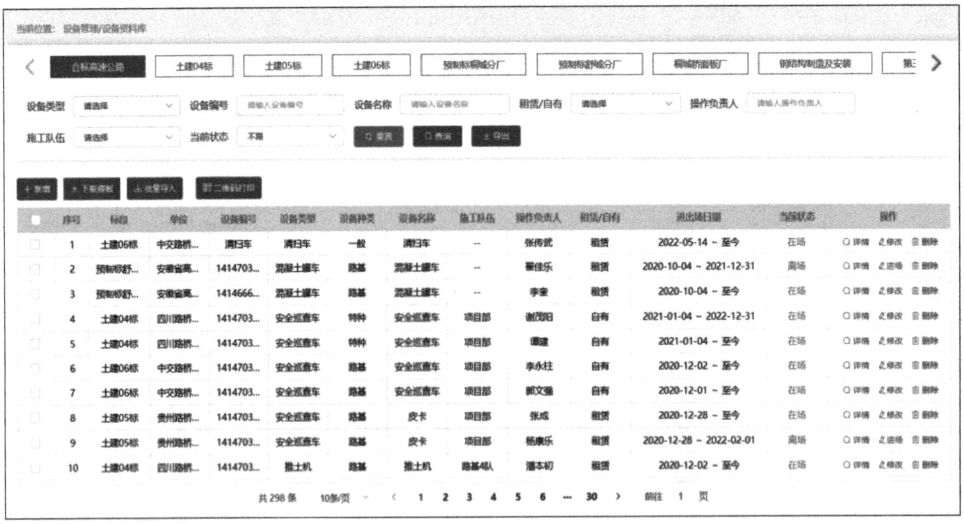

图 2-17 设备资料库界面

2.3.3 设备台账管理

所有大型机械设备进入工地现场,均要在机械设备基本信息管理模块进行登记备案,通过分类清晰明确的清单、列表进行统一管理和展示,可按用途、施工界面、重量、体积等进行分类。可储存每台机械设备的名称、型号、用途范围、操作人员信息(使用资质等)、所属施工界面、二维码、运行情况等信息(图2-18、图2-19)。所有大型机械设备在使用前必须由相关责任人在设备运行信息管理模块提交运行计划,使用结束后及时在系统上完成销项并形成台账。管理人员可通过历史记录查询所有机械的运行记录台账。

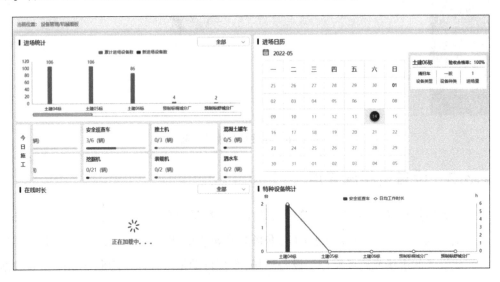

图 2-18 设备进场统计界面

第2章 基于信息化的智慧管理技术

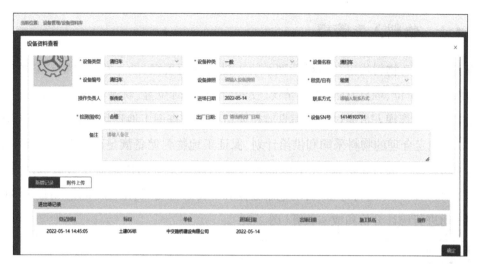

图 2-19 设备基本资料

2.4 物料管理

工程物料指工程在建造过程中所用到的材料,包括钢筋、模板、水泥、砖、集料等,种类繁多且体量通常较大。对物料的管理和利用直接影响工程项目的质量和进度,做好物料管理是工程管理人员在项目管理过程中的重要工作。只有提高物料管理工作水平,才能保证工程项目顺利、有序完成,加快项目生产进度。

物料管理信息化有助于提高物料管理效率,减少物料管理工作量,有助于参建单位与供应商建立长期稳定的合作关系,实现物料联备,参建单位可以根据客观的物料采购需要与优质企业进行长期合作。一方面,信息技术帮助物料管理部门客观地了解生产部门需求,并且通过需求对比分析,优化资源配置方式,灵活合理地调配各种资源,减少物资核损;另一方面,有助于优化仓储与物流机制,根据参建单位生产需要及时采购物资。信息技术还有助于分析物资供应市场的变化情况,从而合理优化物资采购计划,这对于提高物料管理效率、节省物料采购时间、实现物料合理分配、减少物料管理工作量、提升物料管理经济效益的意义重大。

物料管理系统可结合传统工地物料管理的经验进行开发,涵盖物料入库、物料出库以及物料库存管理三个功能(图 2-20)。

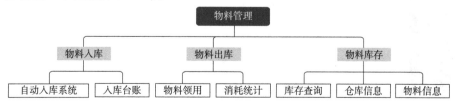

图 2-20 物料管理系统功能架构示意图

· 33 ·

2.4.1 物料入库管理

施工现场所有物料均应在物料管理系统上进行登记备案,录入和完善物料名称、规格、出厂信息、责任单位、堆放方法、验收情况、使用计划、实时位置、轨迹记录等详细信息,并和定位标签关联。管理人员通过物料信息监控窗口可一键查询工地现场所有物料的关键信息(图 2-21),制定合理的物料采购和供给计划,保证工地物料储备满足现场建设进度的需求。对进场物料自动生成入库记录,在工地地磅装设内联本系统的传感器及摄像机,对运送集料、钢筋等材料的料车进行称重、自动记录数据和上传影像资料,形成材料进场报表,通过内嵌公式自动进行统计分析和成本核算(图 2-22)。

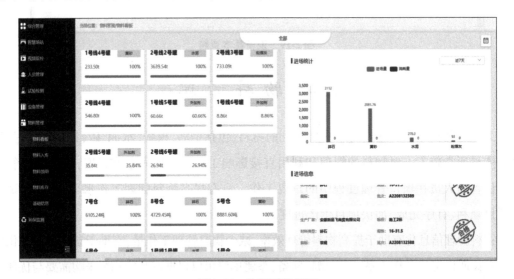

图 2-21 物料看板界面

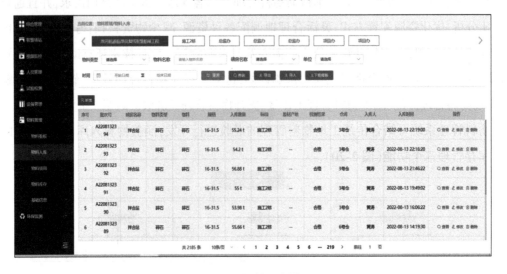

图 2-22 物料入库界面

自动入库管理流程如下：车辆进、出场时,安装在地磅侧的红外线高清摄像头自动抓拍车辆的车号、车尾和车厢材料,形成照片和影像；称重完成后,打印带有唯一性条码的磅单,保证收料数据真实,杜绝人为因素干预；磅单通过互联网推送到物料管理系统,自动记录和生成物资收、发料单据,使账务处理及时、真实、可追溯,有效提高工作效率；过磅数据永久保存,支持电脑端、监控室对数据采集过程的监管,方便项目管理人员、上级管理单位随时查询进出场物料的数量、外观和运输车辆等各类数据信息,更好地发挥相关部门的后台监督职能（图2-23）。

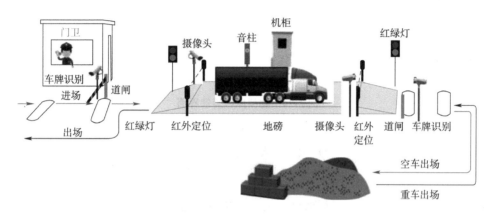

图 2-23　地磅监控系统架构示意图

自动入库系统中还可应用称重影像系统,可从源头上把好原材料数量关,规避物资管理漏洞,有效提高工作效率,为规范项目管理和提高项目精细化管理水平提供可靠的保障。

2.4.2　物料出库管理

物料出库管理模块主要展示工程建设过程中原材料的消耗情况。当需要使用某种材料时,通过物料出库管理模块记录物料领用人、领用时间、领用量,对每次每种材料的消耗进行统计,以便对原材料的使用情况进行跟踪管理,同时便于统计原材料的库存情况。

2.4.3　物料库存管理

库存管理是物料管理的重要内容,可记录仓库信息、物料信息（图2-24）。其中,仓库信息包括仓库位置、大小、温湿度条件及硬件设施等信息；物料信息包括仓库内现存物料的种类、存放时间等信息。通过信息平台实现对仓库现状的实时监控,物料管理人员可掌握物料管理的实时数据,为进料计划提供依据,并能辅助进行工程施工计划制订。

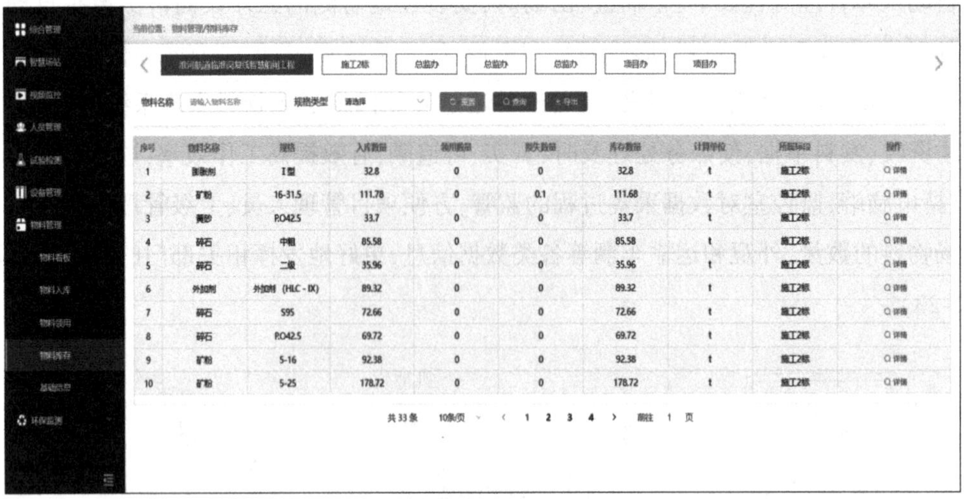

图 2-24　物料库存管理界面

2.5　本章小结

随着时代的进步和发展,工程项目不仅要重视信息化管理技术的引入,还要立足项目本身的具体需求,筛选能够满足本项目管理需求的智慧化管理系统,重视系统管理功能的拓展,提升项目一线人员的综合管理效益。

本章从人员、设备、物料三个要素介绍智慧管理技术。针对施工现场管理不完善、流程不完整、人员统计分析难度大、设备信息化管理水平参差不齐、物料分类凌乱、信息孤岛等问题,采用智慧管理技术,可实现事前预防、人员动态管理、安全质量数据分析等功能,引导项目管理方向,及时纠偏,弥补人为管理活动中出现的统计错误、统计疏漏、信息处理慢等不足,为项目提供高效、准确的计算服务,实现高效、精准的管理目标。基于信息化的智慧管理技术发展前景广阔,在提高施工现场作业效率、提升项目精益化管理水平、增强政府与行业监管及服务能力等方面具有重要作用。

第3章 预制梁生产智慧管控技术

3.1 预制梁生产智慧管控技术背景

3.1.1 预制梁厂信息化建设的必要性

国家大力推进交通基础设施智能化管理,这对桥梁工程施工监控技术提出了新要求,也对大数据采集、应用分析与处理方面提出了新挑战,需要综合应用大数据、BIM、互联网、5G等技术,进行各种数据的一体化采集、分析、处理,建立专门针对桥梁建设与养护相融合的智能化信息管理平台。

2018年3月,交通运输部《关于推进公路水运工程 BIM 技术应用的指导意见》(交办公路〔2017〕205号)中指示,推进 BIM 技术在公路水运工程建设管理中的应用,加强项目信息的全过程整合,实现公路水运工程全生命期管理信息的畅通传递,促进设计、施工、养护和运营管理协调发展,提升公路水运工程品质和投资效益;鼓励对在役项目,搭建 BIM 技术养护管理平台。

应用 BIM 技术可实现桥梁施工数据分析与监控信息的可视化。建设单位、施工单位、监理单位、施工监控咨询等相关单位可以通过 BIM 技术共享工程信息,实时掌握预制梁厂的整个施工过程,从而对工程质量进行监管监控。

预制梁对桥梁建设的整体进度与成本有着非常重要的影响。面对巨大的设备投入、较长的建设周期、高额的建设费,为提高预制梁生产品质与效率,需要尽可能地减少场内的二次搬运,节省额外支出费用,这需要对梁厂进行科学合理的规划布置。就目前而言,在预制梁厂的管理方面,以工程人员的经验为主,没有系统的管理方针,缺少科学且完善的管理平台。

在以 BIM 技术为基础的预制梁厂生产智慧管控系统中,BIM 模型直接与生产、进度、原材料等现场信息衔接,对设计、生产和安装等主要建设阶段的整体过程进行严格管控,从而实现梁厂生产过程的三维可视化、全生命周期管理。在信息技术高速发展的背景下,未来的预制梁生产信息化、智能化发展需注重以下三方面:

1)信息驱动下的"感知—分析—决策—执行与反馈"的大闭环建设与应用

基于互联网信息平台,智慧梁厂将有效地协调人与物的内外关系,协助预制梁生产管理,精细化管理各个生产阶段,预先把控生产管理当中所遇到的一系列琐碎问题,做到过程严控和管理优化。在稳步、优质地推进工程进度过程当中,加强对安全、质量的把控,实现预制梁在生产全过程中的精细化管控,从而使建设管理水平得到有效的提升。

2)在工业互联网充分应用的大时代下,新兴科技的即时应用

施工现场通常采用基于嵌入式技术及互联网技术的智能前端,来实现生产过程中软硬件、终端以及人员的协调与管理。同时,整合网络化、信息化手段和现场施工环境,有效地实现信息化平台与现场物联网设备的联动,使得管理人员能够对整个构件生产过程进行充分且有效的把控,提高了管理效率和质量。

3)虚拟背景与现实状况的充分融合

在 BIM 系统中,对预制梁厂的全生命周期生产过程进行模拟与仿真,继而指导完善现实的生产工艺,使张拉、压浆等过程更加规范化,确保预应力施工质量,保障桥梁建成后的安全和耐久性,高效把控桥梁施工成本。

3.1.2 预制梁制造技术现状

欧美发达国家的预制构件生产工艺、设备技术水平都比较先进,整个预制构件生产过程基本实现了智能化控制、工厂化生产。德、美、日等国正在积极开展新一代布料技术的研究。

国外学者根据预应力混凝土结构的应用情况,对后张拉系统的自动化展开研究。英国的 CCL 公司和德国的 PAUL 公司率先取得进展,成功研制出一种同时具备控制、记录以及打印油液压力值的多功能数显压力记录仪,同时通过在液压系统中安装传感器来采集压力并传送给记录仪进行处理,从而完成了张拉力的记录以及数字化显示。

混凝土振捣质量主要受混凝土特性参数(水灰比、坍落度)和振捣参数的影响。但振捣密实机理较为复杂,近年来关于混凝土振捣施工质量控制的研究数量较少且主要集中在振捣参数的实时监控方面。Gong 等利用超宽带定位技术实现了手持式振捣棒的实时精确定位和振捣作用范围的可视化展示,提出了一种混凝土振捣效果的实时监控方法。

预制梁在我国主要用于桥梁、公路、铁路等大规模建设项目当中。桥梁预制梁在预制梁中占有相当大的比重。一般情况下,可以将预制梁厂进一步细分为三类,分别为桥上建设预制梁厂、桥下建设预制梁厂和引道周边的预制梁厂。桥上设置预制梁厂,主要适用于市区桥梁建设项目,只适用于中小型预制梁的生产,无法适用于大型预制梁。桥下建设预制梁厂,主要是在桥位较近的河滩或河堤上建设预制梁厂,通常适用于引道不具备预制梁厂建设条件的情况。引道周边的预制梁厂,可以根据建造地点的不同细分为路基外预制梁厂和路基内预制梁厂两类,如果预制梁厂对场地要求较高、桥梁引道连接处的路基无法满足要求时,可以在引道附近选择合适的地点建设预制梁厂;如果能够在路基外建设预制梁厂,尽量采用

第3章 预制梁生产智慧管控技术

路基外预制梁厂的形式。

在桥梁建设中,通过引入节段梁预制拼装技术代替传统的桥梁现浇工艺,使得预制梁的生产变成了专业化工厂预制的产业模式,先在专门的预制梁工厂制造好,然后运输到施工现场进行拼装(图3-1)。在这种背景下,预制梁的生产具备了批量化和市场化的特征,很大程度上提高了工程效率。随着公路建设的不断发展,逐渐出现了工厂化梁厂,这种梁厂往往不在施工场地附近设置,而是需要专门选址设置,通常一个梁厂需要满足几个大型桥梁的用梁需求,所以其专业化程度更高、规模也更大,相对于之前的几种梁厂而言,管理难度也更大。因此,如何合理地通过信息化、智慧化技术对预制梁厂进行管理,是公路建设行业重要的课题。

图3-1 预制梁生产

预制梁生产管理流程一般为:指挥部人员制订预制梁生产和施工任务,将施工任务分配给某个施工单位,将生产任务分配给某标段梁厂;预制梁的生产信息和质量要按照指挥部的要求进行统一监管,梁厂按生产任务完成预制梁生产后,放置在存梁台上;与施工方进行对接,随后交付给施工方,运输到施工现场进行架设。在这个过程中,预制梁的生产和施工是同步进行的,需要生产方和施工方之间形成无缝连接的生产和施工状态,避免长时间占用预制梁厂的存梁台位,及时将生产好的预制梁交付施工方进行施工,加快整个工程进度。预制梁的生产管理业务流程如图3-2所示。

预制梁是装配式桥梁的最基本单元,其生产质量对桥梁整体质量有非常重要的影响,其生产过程和质量监控需要按照要求严格执行。预制梁生产的工艺流程主要包括:钢筋加工、钢筋骨架绑扎、调整匹配梁、调整模具、吊装、浇筑、养护、拆模、吊装、修整及张拉、二次浇筑、运入存梁区、养护、合格检验等。在预制梁生产过程中,其关键工序需要生产负责人进行生产信息录入和监理方的质量检验,同时要实时监控预制梁所在的工序状态,为预制梁的生产进度统计分析提供数据支撑。在预制梁生产完成之后,及时与施工方进行对接,通过运梁车配送至现场。详细的生产工艺流程如图3-3所示。

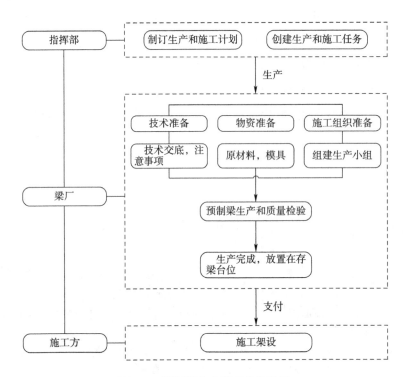

图 3-2 预制梁生产管理业务流程

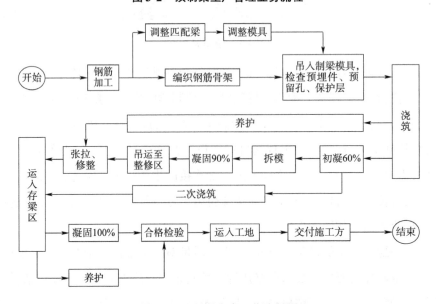

图 3-3 预制梁生产工艺流程图

3.2 预制梁生产智慧管控的内容

3.2.1 预制梁生产智慧管控目标

预制梁生产智慧管控主要可实现以下目标：

1）改善用工窘境

随着建筑工人老龄化和年龄断层问题的加剧，建筑行业"用工难、用工贵"的问题也会越来越严重。采用机器代替一部分人工，能够在一定程度上缓解这一现状。

2）降低施工风险

预制构件智慧化生产过程中，各项操作更加标准、规范，能够避免很多误操作，安全防护的冗余度更高。而且施工过程中施工人员明显减少，有效遏制了由于人的不安全行为引发的安全事故。

3）提高工程质量

预制梁厂生产构件的过程中，各工序均可得到有效控制，在出厂运至施工现场前也必须经过严格的质量检验，若不合格将禁止出厂，这样极大地避免了由于偷工减料、粗制滥造等引起的构件质量问题，也便于在出现质量问题及安全事故时进行追责、问责。

4）践行绿色建造

传统预制构件在施工现场附近的梁厂生产时，会造成粉尘、噪声、闪光和污水等环境污染问题。通过预制梁厂进行构件的生产、运输等，促进了节能、节材、节水和节地。

5）提升建设及管理效率

通过生产过程的标准化设计，桥涵预制构配件可以实现工厂化的大批量生产和规范化的物流配送，在施工现场采用机械化装配技术，便于进行工程管理，并能够基于 BIM、5G、物联网等技术优化工程调度。

6）提升经济效率

通过预制梁生产智慧管控技术，能够在劳务用工、工程材料、临时场地、能源消耗等多方面降低建设成本，并提升施工标准，改善工程质量，使建筑物具备较好的改造性与耐久性，从而降低运营期间的运维成本。

3.2.2 预制梁生产智慧管控需求

根据上述管控目标，结合预制梁生产工艺流程，预制梁生产智慧管控应能实现以下主要功能：

1)构件身份信息管理

基于二维码扫描识别技术、RFID(射频识别)技术,实现预制构件全生命周期信息化管理。通过在每片预制梁片上安装二维码身份证或RFID信息芯片,可以实现对构件信息进行采集、存储、交互、查询等功能。为梁厂预制梁生产台座匹配专属二维码,一线管理人员可以通过手机扫码查询预制件在各环节的施工信息,发现问题后在施工现场发起整改,结合语音、照片等多种展示方式实现材料管理信息的有效传递。业主、监理等通过手机终端对生产过程信息进行查阅,掌握最新情况并进行处理,提高沟通效率。

2)水泥混凝土拌和、运输管控

对混凝土拌和站生产采用动态管理方法,对生产过程中的数据进行实时监测、上传,并分析合格率、生产情况等,严格监测生产过程中的骨料配比、水泥用量、粉煤灰量、水胶比、拌和产量、掺配比例等各项数据。

对混凝土车运输信息进行实时监控和保存,当发现泵车运输过程中行驶轨迹出现超出规定的电子围栏、长时间停车、运输时间超出规定,立即用短信等手段进行报警。对混凝土拌和楼、运输车辆均能发出实时纠偏预警。可以通过多种方式查看数据。

3)构件自动化生产控制

通过对布料系统和模板数控机进行控制程序系统开发,实现对模板数控机械进行振捣信息数据采集,对布料斗进行定位。实时采集数据主要包括生产量、布料量、振捣信息等,以实现后续批量生产工序的智能管理,使成品标准化。

4)智能张拉管控

用智能张拉机代替传统的手动操作,实时上传张拉数据,提高施工精度,消除人为因素影响,提高管理质量,实现张拉施工的信息化管控。

5)智能压浆管控

通过数控压浆技术,实现制浆、压浆、保压的全自动化,实现压浆数据自动上传,精确地控制浆液的水灰比、压浆流量、压浆压力、保压时间等参数,同时辅以智能真空辅助系统,有效地保证压浆质量。

6)其他功能

对整个梁厂进行视频监控,实时在线查看磅房、钢筋加工区、拌和区、预支区、试验室等区域生产情况,并对生产人员的安全生产行为进行监测,对不规范行为进行抓拍。对生产环境进行噪声、空气质量监测,保证生产的安全性、环保性。

3.2.3 预制梁生产智慧管控系统的架构

预制梁生产智慧管控系统以数据平台为基础,以后台数据解析为关键,以预制梁厂构件生产、施工质量结果为目标。基于智能化生产设备及传感器传输的原始数据,根据后台录入的评估参数和经验计算数据,对预制梁厂构件生产、施工全过程中质量不合格的环节进行预警,通过对生产、施工过程数据的综合统计,结合试验结果的对比,实现对后期生产、施工计划的动态调整。预制梁生产智慧管控系统架构如图3-4所示。

根据图3-4的分层,数据流向为从下至上。数据由底层流向上层,依次经过采集层、硬件层、平台层、服务层、门户层。以采集层的传感器、DTU①等采集终端为基础,以服务层的中间软件为关键,提供水泥混凝土拌和生产、构件信息识别、智能化张拉、智能化压浆、三维扫描等子系统需要展示的界面。

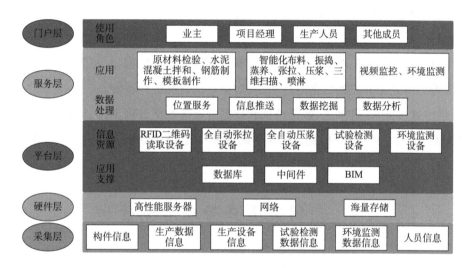

图3-4 预制梁厂制造智慧管控系统架构图

下面对各层功能模块进行简要说明。

1) 采集层

①通过构件二维码身份证,实现构件信息的采集、存储、上传。

②采集的生产数据信息包括构件布料、振捣、蒸养、张拉、压浆、三维扫描、喷淋过程中的数据。

③采集的生产设备信息包括构件布料、振捣、蒸养、张拉、压浆、三维扫描、喷淋所用智能设备的相关信息。

④采集的试验检测数据包括生产过程中原材料、混凝土强度、钢筋保护层厚度等。

⑤采集的环境监测数据包括PM2.5、PM10、噪声等。

⑥采集的人员信息包括项目相关生产、管理人员的基本信息。

---

① DTU:Data Transfer Unit,数据传输单元。

2)硬件层

①采用高独享带宽、计算和存储能力强的高性能服务器。

②预制梁厂的网络部分包括室内的有线网络或无线网络以及室外的移动网络。

③可同步扩展容量的 Oracle 数据库。

3)平台层

①对构件身份二维码及定位数据进行追踪,获得预制构件在各个环节的生产、施工信息,发现问题及时整改。智能化生产设备及环境监测设备获得生产过程中的张拉力、压浆量等数据,与试验检测数据进行比对。

②应用支撑包括数据库、Web 容器、Weblogic 等中间件。

4)服务层

①对原材料检验、水泥混凝土拌和、钢筋和模板制作、布料、振捣、蒸养、张拉、压浆、三维扫描、喷淋等结果数据和原始数据进行表达,对异常的情况进行预警。

②提供位置服务、信息推送、数据挖掘和数据分析等数据处理工作,计算构件的位置,推送预警信息给业主,对生产、检测、监测等数据进行挖掘和分析,掌握生产施工的质量情况等。

3.3 预制梁生产管理智慧管控

3.3.1 计划及排产流程管理

在梁场管理系统中,以周为单位进行计划制定,按照周、月、年进行统计,计划制定完成后发布计划,对发布的计划进行排产。计划、排产、任务流程图见图 3-5。

生产计划、排产、任务下发流程具体内容如下:

1)计划制订录入

根据项目架梁计划、设计文件形成预制梁清单,在系统中导入或录入预制梁清单。

2)计划保存和发布

选择计划标题、计划完成数量、计划开始时间、计划结束时间,填写备注,保存后显示为未发布状态,点击"发布"后显示为未排产状态。系统不能保存、发布截止日期比当前计划日期提前的计划。保存计划后系统定时检测当前任务时间、计划开始时间以及未发布的计划,及时发送信息给计划制订人,提醒发布或者修改计划。

3)计划排产发布和保存

选择计划生产构件(预制梁),为生产构件选择工序模板(保存后系统定时检测当前任务时间与计划开始时间,以及状态为未排产、未发布的计划,及时发送信息给计划制订人提醒其进行排产、发布)。

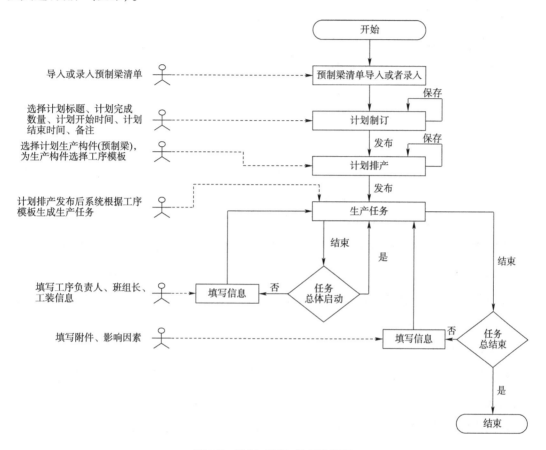

图 3-5 计划、排产、任务流程图

4)生产任务启动和结束

计划排产后,系统根据工序模板生成生产任务。任务总启动和总结束均在电脑端操作。

启动任务要填写任务明细信息,包含工序负责人、班组长、工装信息等。当前任务明细信息如果没有上一步或者与上一步不同时,需要具体工装信息。工装信息的类型与工序模板中的类型必须相同。结束任务也要填写任务明细信息,默认与启动任务信息相同(如不一致,可进行修改)。

3.3.2 构件编码及读写技术

3.3.2.1 构件编码方式

为规范预制构件的建设、养护、运维阶段工程信息模型的分类和编码,实现 BIM 模型在全生命周期的信息交换、共享,建立预制构件承载信息的分类方法和编码规则。根据《中国市政设计行业 BIM 实施指南》和《建筑信息模型分类和编码标准》(GB/T 51269—2017),按要求拟定构件的编码规则,形成一一对应的梁号。这种代表预制构件的梁号贯穿项目的全生命周期。

预制构件的构件编码包括高层代号、位置代号、种类代号、单元构件区域代号、单元构件代号和流水代号,整体编码结构见图 3-6。

图 3-6　T 梁编码结构图

每一层编码由前缀符 + 字符组成,字符可以是数字或字母,也可以是数字 + 字母组成的高层代号。编码的各层级内容为非必填项目,各专业可根据实际需要填写。种类编码可按字母顺序 A、B……Z 自由扩充使用,为避免与数字字符 1、0 混淆,禁用字母 I、O。

高层代号是第一层级,为项目代号,应根据工程的情况确定,该层级应是整个工程项目的统一编号。高层代号宜由工程项目名称的中文拼音或英文首字母组合而成,如"德州至上饶高速公路合肥至枞阳段项目"的高层代号第一层可表示为"HZGS",HZGS 由"合枞高速"中文拼音的首字母组合而成。

位置代号是第二层级,该层级应该是整个项目单位工程的区域代号。

种类代号为第三层级,表示项目单位工程划分,采用该单位工程项目名称的拼音首字母组合而成。

单元构件区域代号为第四层级,表示单元构件所在位置,该层级代号采用小写字母和数字的组合形式。

单元构件代号为第五层级,表示单元构件名称代号,采用数字串的形式。

例如"HZGS-A01-DQK009566L-K001-050001-001",其含义为合枞高速公路的 A01 号标段 K009 + 566 桩号位置的大桥左幅上面结构层第一个跨度上的 T 型梁片。

形成与预制构件一一对应的梁号,就可以在计划生产、实际生产工艺、存梁运输以及后期养护、运维阶段通过扫描二维码(图 3-7)或者 RFID 芯片识别预制构件,绑定相关数据。

图 3-7　预制构件二维码示意图

3.3.2.2 构件编码读写技术

RFID 是一种新兴的非接触式自动识别技术,操作便捷高效,无须人工干预,可在各种恶劣环境下通过射频信号自动识别目标并获取相关数据,可作为识别预制构件的技术手段。引入物联网技术,以 BIM 技术为基础,通过 RFID 技术实现构件生产、安装和维护全过程的信息追溯。RFID 采集的信息通过接收装置与互联网协同,传输到信息中心进行处理,实现预制工厂的集成建造。RFID 技术的应用如图 3-8 所示。

a)RFID芯片放入预制构件中

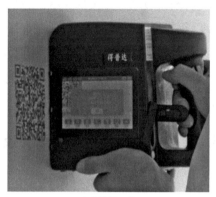
b)生成构件二维码

c)识别RFID芯片

图 3-8 预制构件 RFID 技术应用

生产的每一个预制构件的信息均记录在系统中,通过扫描二维码或者识别 RFID 芯片查看详情,可以了解各个构件的生产进度、拌和站信息、浇筑时间、浇筑方量等数据。预制构件在生产过程中需要移动时,通过门式起重机、移梁车上的固定式识别设备对梁中的 RFID 芯片进行识别,提高预制梁存放的自动化程度。同时在混凝土预制构件安装现场设置监控,采用传感器对混凝土预制件进行现场监控,对现场安装各工序(如基础定位、预留件校正、预制件吊装校正等)过程进行精细化管理。通过每一个构件的固定编号,能够对其最终的施工位置进行追踪,并能够在 BIM 模型中进行查看,实现预制构件的全生命周期管理。

3.4 预制梁生产工艺智慧管控

3.4.1 模板智能控制技术

模板的设计制作要本着拆装、操作方便的原则,保证模板表面平直、接缝严密,满足施工过程中必需的刚度、强度、稳定性要求。将模具组装关键信息(如模具尺寸、清洁程度、脱模剂刷涂程度、钢模拼接处密封程度、工序责任人、模具设计图纸等)作为必需的质量检查项目固化在系统中,管理人员在现场通过手持工业终端(PDA)操作,拍照留存检验结果,对于不合格的模板当场进行整改,智慧管控系统记录检验过程及整改过程,最终形成模具组装过程检验质量文件。液压模板如图3-9所示。

3.4.2 钢筋骨架成型与安装技术

3.4.2.1 技术简介

钢筋骨架加工采用数控钢筋加工设备,设备采用智能化操控系统,提高了机械自动化水平。在加工工艺程序中,需要确定钢筋加工工艺的具体数据,如定尺、切断尺寸、弯箍精度等具体数据,从而提高制作的精度,提高工作效率,降低劳动强度。钢筋自动化制作见图3-10。

图3-9 液压模板示意图　　　　图3-10 钢筋自动化制作

3.4.2.2 设备功能介绍

预制梁厂中的钢筋生产加工过程一般配备数控镦粗、车丝、打磨一体机、数控下料机、数控滚焊机、数控弯曲中心。钢筋加工设备具体功能如下:

1)自动化传输、弯曲、焊接一体化装置

该装置(图3-11)由弯曲平台、设置于弯曲平台上的焊接装置、传输装置和旋转装置组成,用来完成箱梁主筋焊接施工(包括传输、弯曲、焊接和校正等步骤),具有结构简单、操作方便、省力的优点。在实际使用时,能自动、有效地完成对钢筋的弯曲焊接,加工效率高,工人的劳动强度低,实际使用效果好,符合生产加工需求。

图 3-11 自动化传输、弯曲、焊接一体化装置

2)钢筋数控剪切生产线

由钢筋阶梯储料站、前输送装置、钢筋剪切主机(图 3-12)、后输送装置、钢筋储存部分、操作台控制部分组成。经精心设计、周密计划和制造,用于对直条钢筋进行高质量的定尺剪切、输送、储存及加工,并将各加工工序形成电脑控制的自动流水线。该设备产量大、精度高、改型方便、操作故障率低、节约材料、消耗少。

图 3-12 钢筋剪切主机

3)智能钢筋弯曲机

智能钢筋弯曲机(图 3-13)采用的是自动系统,操作便捷。其行走轨道采用高精度齿轮条传动,定齿更准确,噪声小;一次性批量弯曲钢筋,生产效率高;设置滚动式上料平台,可承载大量原材料,上、下料方便省力;控制屏内钢筋加工图形经编辑、下载后,自动显示原材料的下料长度,便于操作。操作台上设有显示控制屏,可以动态显示设备工作状态、设备故障信息和设备各动作部位的运动参数,操作方便、直观,大大提高了人机交换的方便程度和设备的智能化水平。

图 3-13　智能钢筋弯曲机

4）智能数控弯箍机

智能数控弯箍机（图 3-14）集矫直、测长、弯曲、剪切、计数于一体，整机结构紧凑合理、操作简单、生产效率高、节省人工，采用全自动微电脑控制伺服驱动电机，具有速度快、力量大、精度准、故障少等优点。本机将钢筋送料、去氧化皮、校直延伸、弯曲成型、计数、切断多种工艺一体化，能直接制作多种尺寸、多种规格的箍筋，提高了操作的安全性和弯曲角度定位的准确性。

图 3-14　智能数控弯箍机

梁厂的技工可简单地设置加工产品所需的参数（表 3-1），智能数控弯箍机就可自动进行弯箍操作，极大地提高了生产率，生产质量高，节约人力，实现了钢筋加工的智能制造。

钢筋加工参数　　　　　　　　　　　　　　　表3-1

参数	指标
单线钢筋加工直径	4~10mm
双线钢筋加工直径	4~8mm
最大弯曲角度	+180°
弯曲方向	单向
最大牵引速度	85m/s
最大箍筋边长	950mm
最小箍筋边长	50mm
牵引功率	9kW
弯曲功率	3.75kW

3.4.3 布料及振捣自动化控制技术

3.4.3.1 布料自动化控制

自动布料机(图3-15)通过传感器(温度传感器、定位仪、激光测距仪等),实现混凝土自动布料、密实检测、自动浇筑以及浇筑速度控制,并记录混凝土方量。布料机具有手动布料和自动布料两种模式,采用变频调速的星轮下料轴。布料斗通过电子称量系统识别斗内混凝土质量,实现精准控制布料放量。下料口的小料门用高压油缸开关控制,水平伸缩控制料门开关,下料干净利落,不易卡阻。布料时根据预制构件的结构构造,沿纵向分段、沿水平分层处理,按预定顺序完成混凝土浇筑。

图3-15　水泥混凝土自动布料机

构件的运输距离、运输位置、布料时间、布料位置等数据均可以在预制梁生产智慧管控系统中查看,对各个生产线的生产进度进行监管(图3-16)。

图 3-16 布料数据界面

3.4.3.2 振捣自动化控制

自动振捣系统在严格控制振捣频率、振捣次数以及振捣时间的条件下,通过附着式振捣机(图3-17)对试件进行分层次振捣,减少了由于振捣不正确使构件表面产生的气孔,实时监测机械振捣时间、振捣棒插入角度和深度等关键工艺过程控制参数,结合控制指标和阈值,对实时监测的振捣数据进行精准分析、智能判断、预警预报。还能够对每一片梁的振捣信息(振捣工艺、振捣位置等)进行溯源追踪,直观展示每一片梁的振捣工艺全过程。

图 3-17 附着式振捣机

从预制梁生产智慧管控系统的振捣数据统计界面(图3-18)中可以看出,振捣系统的应用保证了每片梁的振捣时间、振捣位置满足要求。从整体应用效果可以看出,预制构件的振捣质量完全符合系统中预设的参数要求,且比人工振捣更加规范。

图3-18 振捣数据统计界面

3.4.4 蒸汽养护自动化控制技术

预制构件蒸养要确保在固定养护时长、温度和湿度条件下,对脱模的试件进行蒸汽养护(图3-19),保证试件表面不发生损坏。智慧管控系统可以展示每条生产线每个具体构件的实时蒸养温度、湿度和蒸养时间,还可以显示某一构件的蒸养温度、湿度趋势图(图3-20)。

图3-19 构件蒸养示意图

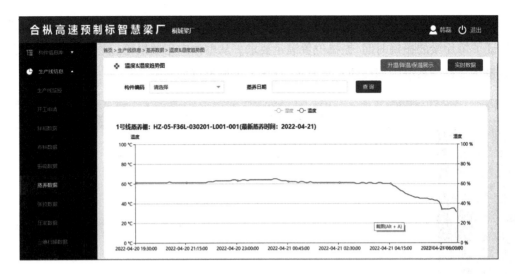

图 3-20　蒸养温度、湿度趋势图

3.4.5　智能张拉压浆控制技术

3.4.5.1　智能张拉控制技术

传统的预应力张拉施工主要为人工操作,质量稳定性较差,造成施工质量很难达到较高标准,使用智能张拉控制技术势在必行。

智能预应力张拉系统主要包含智能张拉仪、千斤顶、油泵及其他附属结构(图 3-21)。智能张拉仪是系统的核心,其他两个主要结构之间相互配合,共同形成智能预应力张拉系统。智能预应力张拉系统的主要功能包括:便捷的操作功能,可进行参数预设,一键启动张拉,自动完成整个张拉全过程;自动平衡同步张拉;自动控制持荷时间;力值、位移值显示及存储;自动计算张拉结果并打印完整的张拉记录表。

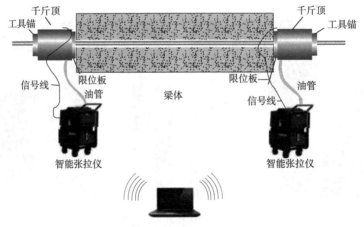

图 3-21　智能预应力张拉系统

第3章 预制梁生产智慧管控技术

智能预应力张拉系统可以完全实现自主控制整个张拉工作过程,确保了工艺流程正确执行,提高了张拉控制精度。智能张拉仪(图3-22)适用于不同类型预应力梁体构件张拉施工,能准确控制施加张拉所需应力,实时反馈校核伸长量,达到预应力与伸长量同步控制;实时进行数据采集,保存张拉过程中的张拉力值及预应力筋伸长量值,实现全程管控预应力张拉施工质量。

图3-22 智能张拉仪

当系统工作时,由主控机发出一条非有线指令,同步控制各个设备的每个机械动作,使张拉过程实现自动化。智能预应力张拉系统以预应力的大小为控制指标,以伸长量误差为反馈值,校对系统的准确性,通过传感器技术、数字控制技术可采集张拉过程中的实时数据,并可分析每台千斤顶的张拉力值和千斤顶的位移量。系统的指令发送图见图3-23。

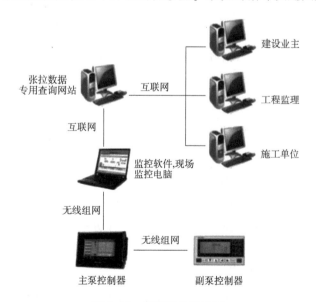

图3-23 系统指令发送图

通过使用智能张拉控制技术,不仅能够提高张拉力精度,降低施工过程中的各种误差,还能够提高施工效率、降低成本、提高施工质量。通过智能预应力张拉系统,能够让工程建设的多方进行及时的相互交流;在互联网技术帮助下,智能预应力张拉系统能够突破空间限制,可实现远距离管理;能够自动生成张拉记录表,可以保证数据真实有效,还能够省去数据统计工作,提高施工效率。传统手工张拉与智能张拉控制技术的对比见表3-2,张拉过程对比见图3-24。

传统张拉与智能张拉技术对比 表3-2

序号	技术参数	传统手工张拉	智能张拉控制
1	张拉力精度	±15%	±1%
2	自动补张拉	无此功能	张拉力下降1%时,锚固前自动补拉至规定值
3	伸长量测量与校核	测量不准确、不及时,不能及时校核,不能实现规范规定的"双控"	自动测量,及时准确,及时校核,实现"双控"
4	对称同步	人工控制,同步精度低,无法实现多顶对称张拉	同步精度达±2%,计算机控制实现多顶对称同步张拉
5	加载速度与持荷时间	随意性强,加载过快,持荷时间短	按程序设定速度加载和持荷,排除人为影响
6	卸载锚固	瞬时卸载,回缩对夹片造成冲击,回缩量大	可缓慢卸载,避免冲击损伤夹片,减少回缩量
7	回缩量测定	无法准确测定回缩后锚固量	可准确测定实际回缩量
8	预应力损失	张拉过程预应力损失大	张拉过程规范,损失小
9	张拉记录	人工记录,可信度、精确度不高	自动记录,真实再现张拉过程
10	安全保障	边张拉边测量延伸量,有人身安全隐患	操作人员远离非安全区域,人身安全有保障
11	质量管理与远程监控	难以掌握真实质量状况,缺乏有效的质量控制手段	便于质量管理、质量追溯、提高管理水平和质量水平
12	经济效益	张拉过程需要6人同时作业	只需要2人同时作业,节约人工费用

3.4.5.2 智能压浆控制技术

高质量的管道压浆可以提高预应力钢筋的防腐防锈能力,加强预应力钢筋或钢绞线与混凝土的黏结性,保证预应力度,减少预应力损失。智能压浆系统的主要作用在于能够使预应力钢筋被压浆混凝土包裹,确保其不会露在外面,从而避免预应力钢筋破坏。

第3章 预制梁生产智慧管控技术

a)传统张拉　　　　　　　　　　　　　　b)智能张拉

图 3-24　构件预应力张拉过程对比

智能压浆机由制浆、压浆、测控、循环回路四大系统组成。智能压浆机的工作原理为：水泥浆液在由预应力管道、制浆机、压浆泵等组成的循环回路内持续循环，排净管道内的空气，及时发现预应力管道的堵塞等情况，消除导致压浆不饱满、不密实的因素；根据管道进、出浆口分别设置的精密传感器，实时监测浆液压力，反馈给系统主机进行分析判断；测控系统根据主机指令调整压力，保证预应力管道在规范要求的水泥浆液质量、压浆压力大小、稳压期时间等重要指标的约束下完成压浆过程，确保压浆饱满和密实。

智能压浆机由移动系统、进料系统、称量系统、微型自控系统、搅拌速度切换系统、供水系统等组成（图3-25），具有高集成度、高自动化、移动快捷、计量准确、易操作等优点。同时附载低速搅拌储料罐，可储存已经加工完成的物料。通过不同速度的搅拌罐配合，实现向设备不间断供料。

图 3-25　智能压浆机

与传统的压浆施工技术相比，智能压浆系统可以提高施工的精确度，减轻人为因素的干扰，提高施工质量，实现对灌浆过程的实时监控与调整，及时发现问题，从而保证施工质量（表3-3）。

智能压浆与传统压浆技术对比　　　　　表3-3

序号	技术参数	传统压浆	智能压浆
1	排净管道空气	依靠浆液自流排气、真空辅助压浆,难以达到真正负压	大循环回路让浆液在管道内持续循环,可以排净管道内空气
2	压力大小及稳压时间	控制难度大,通常出浆口压力不够,压浆不密实	自动调整压力大小,保证全管路按照规范要求的大小和时间持压、稳压
3	水胶比	现场材料比控制不严,通过加水改善流动性	系统控制加水量,切实控制浆液性能
4	管道实际压力损失	无此功能	实时测试管道内压力损失,便于调整灌浆压力
5	流量控制	无此功能	实时监控流量,确保管道畅通,复核压浆量
6	压浆工艺	低进高出,压浆过程不能中断,排气孔要依次打开,操作难度大	封闭循环回路,工艺简单、易操作
7	工作效率	一次压一个孔	两个孔同时压浆,工作效率提升一倍
8	压浆记录	人工记录,可信度不高	自动记录,可真实再现整个压浆过程
9	质量管理	难以掌握真实质量,难以查验压浆密实与否	可进行质量追溯,还原压浆全过程,提高管理水平
10	经济效益	采用高性能压浆剂,需增加材料费用	不依赖高性能材料,节约材料费用,提高工作效率,节省人工

3.4.6　智能喷淋养生控制技术

智能喷淋控制系统可以根据现场环境的温度、湿度等对喷淋进行自动调节,通过上位机对多个台座进行时间设置,同时上传养生信息。

智能喷淋控制系统(图3-26)结合预制箱梁结构特点,通过加装配套设施,实现全方位的喷淋养护(图3-27),提高养护质量,解决了人工无法实现精确养护的问题。整套系统由PLC[①]电路控制、行走、喷洒、供水四大部分组成。整个养护过程由PLC进行控制,可实现全自动化,做到了全覆盖,养护质量高,节省人力,节能环保。通过对喷淋时长的精确、科学控制,确保试件得到有效养生,防止由于养生时间不够而导致出现裂缝。

智能喷淋控制系统采用无线传感和自动化控制技术,针对养生时长、温度、湿度等关键参数进行监控、分析,超出预设阈值时,及时预警并智能联动养生设备,自动控制养生过程的

---

① PLC:Programmable Logic Controller,可编程逻辑控制器。

用水量、喷淋频率、养生时间。系统能够生成构件养生台账,分析构件养生质量,实现预应力构件养生全周期、智能化监管。

图3-26 智能喷淋控制系统

图3-27 喷淋过程

3.5 预制梁生产质量智慧管控

3.5.1 原材料质量

现场堆放的原材料附近应设置材料标示牌,展示内容应包括材料名称、生产厂家(产地)、进场及检验日期、规格、数量、检验状态等,并制作对应的二维码、样品展示箱。

为加强钢筋、水泥等原材料的质量控制,实现减少永存预应力损失的质量提升目标,用于钢筋、水泥质量的检测设备应具备检测数据自动采集、计算和实时上传功能,所有数据应与物联网检测平台对接,将数据上传至管理系统。原材料检测参数及设备要求如表3-4所示。

原材料检测参数及设备要求　　　　　表3-4

类别	检测参数	检测设备	设备功能要求
钢筋	抗拉强度	微机控制电液伺服万能试验机、微机控制电液伺服压力试验机	检测任务自动接收;人脸识别;监测数据自动采集、分析、存储;数据实时上传
钢筋	屈服强度	微机控制电液伺服万能试验机、微机控制电液伺服压力试验机	检测任务自动接收;人脸识别;监测数据自动采集、分析、存储;数据实时上传
钢筋	断后伸长率	微机控制电液伺服万能试验机、微机控制电液伺服压力试验机	检测任务自动接收;人脸识别;监测数据自动采集、分析、存储;数据实时上传
水泥	水泥砂浆强度	微机控制电液伺服万能试验机、微机控制电液伺服压力试验机	检测任务自动接收;人脸识别;监测数据自动采集、分析、存储;数据实时上传
水泥	水泥混凝土抗压强度	微机控制电液伺服万能试验机、微机控制电液伺服压力试验机	检测任务自动接收;人脸识别;监测数据自动采集、分析、存储;数据实时上传

3.5.2 生产过程质量

要实现预制构件质量的智能化检测,首先应对各类预制构件质量检测设备进行智能化升级改造(表3-5),实现试验检测的自动化,并能够实时上传检测数据。

质量检测设备 表3-5

设备名称	设备功能
数显回弹仪	自动检测水泥混凝土构件的强度,并上传数据至系统
钢筋检测仪	自动对混凝土中钢筋位置、保护层厚度进行探测
微机控制电液伺服万能试验机	检测不同金属材料或产品的拉伸强度、抗压强度、抗折强度等力学性能
三维激光扫描仪	满足各种尺寸预制构件结构的扫描需要
温/湿度监测仪	具备自动采集和上传数据的功能
电子天平	
无损检测设备	孔道压浆密实度检测

之后建立预制构件质量管理平台,实现试验检测设备联网监控,对关键试验的检测过程及结果实时进行监督,实现例如水泥混凝土的抗压强度、抗折强度、钢筋的抗拉强度、压浆度饱满度、构件尺寸(图3-28)等数据的实时采集、上传,采集后的数据自动保存至数据库,用于后期对试验检测过程数据、试验检测结果、试验检测合格率等各类数据进行分析,评价水泥、钢筋、混凝土等原材料及半成品的质量指数。

图3-28 构件三维扫描示意图

试验检测设备与BIM平台共享数据。通过BIM平台发起检测申请流程,根据特定的试验编号,接收检测任务,进行试验,生成试验检测报告。审批通过后,本次检测的相关数据均根据编号自动挂接至BIM平台构件对应的位置,实现构件质量的属性化。最终实现试验检测全流程在线进行,把控检测过程,并归档管理,防止人为操作对试验检测结果的干扰,提升试验检测的效率(图3-29)。

第3章 预制梁生产智慧管控技术

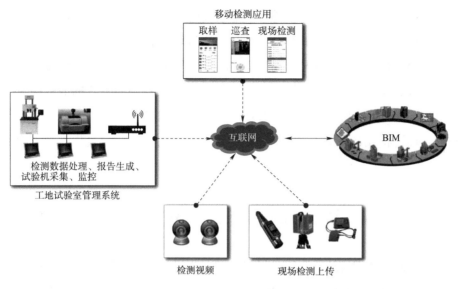

图3-29 构件质量检测系统

3.5.3 质量预警

针对预制构件材料拌和、钢筋及模板制作、预制构件生产各环节超出阈值的异常数据，进行不同方式的预警信息推送，并及时处理。预制梁生产智慧管控系统进行质量预警的流程见图3-30。

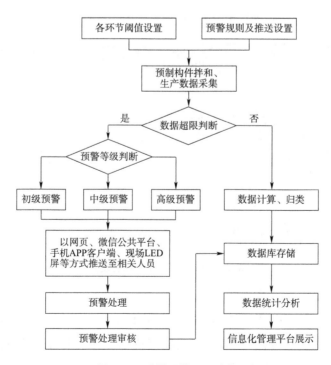

图3-30 质量预警处理流程

根据规范对预制构件拌和、生产各环节采集的数据设置上、下限值。针对超出限值不同范围的数据设置不同预警等级的阈值,并根据预警等级设置消息推送方式及相关的消息推送人员。在预制构件生产过程中,对预制梁生产智慧管控系统采集的数据,通过系统后台进行超限判断,若超限则进行预警等级判定,根据预警等级进行不同方式的消息推送。收到预警提醒的相关人员对预警推送的内容采取措施处理,处理后将结果上传至系统平台进行审核。审核通过后,将此次预警信息存入数据库,并用于平台的拌和、生产质量的统计、分析等。

3.6 预制梁厂制造与 BIM 技术融合

在公路建设中,装配式结构常用于桥梁工程。为了对预制构件的生产进行信息化质量管控,建设基于物联网、RFID、人工智能等技术的智慧梁厂,将 BIM 技术应用于智慧梁厂中预制构件的生产、安装过程。BIM 与预制梁生产智慧管控融合的主要内容如下:

1)预制构件施工质量检验与 BIM 融合

在构件管理模块,可以设置智慧梁厂中的 BIM 模型构件,可设置模型的观看视角(图3-31)。点击制梁台座上的梁片,出现具体的生产信息。在构件管理模块中,管理员可以通过观察 BIM 模型中制梁台座的颜色了解制梁台座的使用情况,如绿色为空闲、红色为正在维修、蓝色为正使用。在此模块中,可以看到梁厂周边的环境模型。

图 3-31 预制梁厂 BIM 场景设置图

2)预制构件建造数据与 BIM 融合

在梁厂区域内,通过自动化生产线完成预制构件的制作。各个工序所产生的过程数据(如张拉数据、压浆数据、喷淋数据等),由物联网技术进行采集与记录,对重点数据进行分析,实现对关键参数指标的过程控制。

第3章 预制梁生产智慧管控技术

预制构件生产过程中实时生成的过程数据被传输到 BIM 平台,具体包括物料数据、几何尺寸、混合料配合比、进度信息、构件信息等。在预制构件生产、安装过程中采集到的数据,通过接口方式,采用 https 协议 POST 请求,与 BIM 平台实现对接融合,最终展现在 BIM 平台。

3)预制构件 BIM 可视化追溯

通过平台建立的编码体系,对梁厂生产的预制构件自动形成唯一的标识码,生成构件专属二维码,同时给 BIM 模型中构件施工部位赋予相应编码。通过打通模型与构件的信息传递数据链,实施构件数字化加工,使得预制构件可以在梁厂快速、准确生产,并能够通过构件编码,快速定位构件并准确运输至施工现场相应的安装区域,进行全装配施工。

在构件生产、安装、验收等一系列流程中,相关施工人员手持终端扫码,快速录入相关信息,做到构件安装可追溯,大大提高了施工效率。

4)预制构件施工质量检验与 BIM 融合

在预制构件通过唯一编码挂接到 BIM 模型、BIM 平台开工申请推送至智慧梁厂、智慧梁厂生产数据上传至 BIM 平台后,对预制构件的施工质量进行检验,质检资料按工序在线填报、审批。

试验管理平台接收预制构件样品的试验任务,并进行试验。实现预制构件的 BIM 模型与试验检测平台对接,对接主要内容为获取构件编码数据、获取报验单、获取试验基础数据、推送报告等。预制构件的试验检测结束后,将试验报告推送至 BIM 平台,预制构件质量验收结果判定合格后将纳入计量,并形成对应质量表单。

预制构件质量验收 BIM 效果如图 3-32 所示,每片梁的报验流程对应的表单均可通过 BIM 模型进行查看,实现施工过程中预制构件工序报验全过程的在线处理,实现预制构件施工及监测的信息化、可视化。

图 3-32 预制构件质量验收 BIM 效果图

3.7 本章小结

本章主要介绍了预制梁生产智慧管控技术的背景、内容,包括预制梁生产管理、生产工艺管控、生产质量监控等内容。应用预制梁厂制造智慧管控平台收集预制构件的生产、施工全过程数据,实现构件编码的唯一性管理,并通过对数据的处理、统计、分析,在构件材料的混凝土拌和、布料、振捣、预制构件的张拉和压浆等工艺中实现信息化管理,应用二维码、RFID等技术在桥梁结构物的工艺管控、过程检测、安装等环节实现全过程智能管控,将平台中的数据服务于后期的道路养护运维。

预制梁生产智慧管控技术目前已应用于黑龙江省、安徽省、江苏省等多省,预制构件由传统的制作方式改进为通过预制梁生产智慧管控技术对构件生产线进行控制,运输到施工现场的预制构件质量完全可以达到设计、施工要求,提高了预制构件的生产效率和生产质量。

采用信息化监控手段,可以对构件从生产到运输进行全程实时监控,监控每个构件的生产进度,并确保构件在生产过程中的任何一个环节出现问题后可以及时发现,对出现异常的构件及时采取相关措施,避免出现生产滞后、影响后续施工的现象;对出厂的预制构件进行全过程追溯,精确定位每片梁的位置,确保在日后出现问题时可及时查找原因,为运营、养护提供方便。

预制梁厂制造智慧管控技术能够推进交通产业实现现代化、深入贯彻落实"交通强国"发展战略,为预制梁厂注入现代科技因素,提高数据的使用效率,充分利用建设期的数据成果,并为参建单位有效管理预制生产工作提供辅助工具,能够大大提升工程质量,保障施工安全,节约成本,提升施工现场决策能力和管理效率,实现工地的数字化、精细化、智慧化,还能够提高行业的管理水平,提升产业发展水平,获得最佳的社会效益。

第4章 沥青路面施工智慧管控技术

沥青路面施工智慧管控技术充分利用物联网技术、现代通信技术等,实现对路面施工过程各环节工艺数据的实时监管,改变了传统路面施工质量"以人为主"的管理模式,推行智能化管理,变以往"事后检测、随机检测"为"过程控制、全面检测",可以切实提升路面施工管理效率,保障路面施工质量。

4.1 沥青路面施工智慧管控背景

沥青路面施工智慧管控技术是"互联网+工程"的实践应用,利用物联网架构的传感技术和通信技术,对路面施工中的原材料生产、原材料检测,混合料生产、运输、摊铺、碾压环节进行监管,实时采集沥青路面施工全过程数据,通过通信模块及时上传到服务器,动态、真实地反映工程质量情况,提高沥青路面施工精细化水平,实现对工程质量的动态控制(图4-1)。智慧管控系统可提供分析预警机制,便于及时分析质量问题,以提高沥青路面施工质量管控效率。

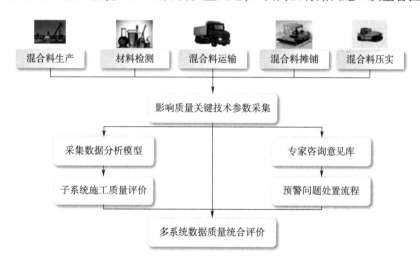

图4-1 沥青路面施工智慧管控系统架构

通过在沥青路面施工管理过程应用智慧管控技术,能实现以下目的:

(1)施工全过程质量信息记录

记录路面施工全过程数据,在系统的地图上选择或搜索桩号可查询对应里程点的路面结构信息、施工材料信息、施工工艺信息,使得路面施工质量得到整体性的呈现,而不是局限于某一环节。建设资料数据库实现了档案管理模式从以档案实体为重心向以档案信息为重心的转变,成为项目电子化建设档案的一部分。

(2)路面施工质量实时反馈控制

智慧管控技术利用大数据的管理思路,以母体代替样本,实现了以全过程的监控代替传统的质量抽检。借助于施工工艺实时监控,可及时指导施工过程工艺优化,可针对路面施工的薄弱环节进行抽检,更好地控制质量。

(3)施工动态信息远程传输管理

智慧管控技术利用现代通信技术,远程传输路面施工数据,项目管理人员通过平板电脑、台式电脑、智能手机等任意智能终端即可了解全线施工情况,如拌和站的开关机时间、总产量、碾压温度和速度等。施工过程中某项指标超出控制限值后,系统可向相关人员发出预警,提示进行处理。可以日、周、月为单位,对路面施工质量进行综合分析,并给予质量状况评估。

4.2 沥青原材料智慧管控

沥青作为路面施工中的关键原材料,其质量直接关系到最终路面性能,因此沥青质量控制一直是路面施工的关键一环。沥青路面施工智慧管控技术从改性沥青生产、运输、检测等多方面进行信息化监管,从源头保证沥青质量。

4.2.1 改性沥青生产管控

4.2.1.1 改性沥青加工工艺

SBS[①]改性沥青是在基质沥青中加入不同比例的 SBS 改性剂、增溶剂、稳定剂等添加剂制成的改性沥青。SBS 改性沥青的生产主要分为准备阶段、生产阶段、发货阶段,具体生产工艺如下。

(1)准备阶段

基质沥青在原料罐中经泵输送到加热搅拌罐中,加温至规定的温度。沥青液位升至生产罐搅拌叶片位置(一般为1/3满液位)时,开始投放改性剂,投放后沥青罐开启升温。

(2)生产阶段

按工艺配方将计量好的改性剂通过提料机加至基质沥青中,加热搅拌罐中的搅拌装置需不停搅拌,实现改性剂与基质沥青的初步混溶,时间控制在 2~3h;而后将混溶搅拌的改性

---

① SBS:苯乙烯-丁二烯-苯乙烯嵌段共聚物。

沥青通过胶体磨设备反复循环研磨,实现改性剂与基质沥青的进一步混溶,时间为1h;最后将改性沥青输送至成品罐中发育至稳定,同时加入稳定剂、增溶剂等,温度控制在180~185℃,时间为6h左右。

(3)发货阶段

发货装车温度在170~180℃。发货时,成品罐开启搅拌机后再装车,通过专用运输车运送至项目。

改性沥青的生产过程对改性沥青的质量影响较大,因此需要对整个生产过程进行监管,有效提高改性沥青生产质量。

4.2.1.2 沥青生产管控过程

改性沥青生产过程数据采集设备包括温度传感器、液位传感器、改性剂称重传感器、与生产控制信息系统相连接的数据采集系统、无线传输装置以及视频监控系统等。温度传感器用于实时采集沥青发育温度,液位传感器用于实时采集沥青工作罐的液位变化,改性剂称重传感器可获取及计算实时采集批次改性沥青改性剂掺量,与生产控制信息系统相连接的数据采集系统可实时获取生产过程中的改性沥青发育时间数据,利用生产控制信息系统加装的无线传输装置将相关生产信息传输给信息管理平台。同时,可根据需要安装视频监控系统,采集监控画面信息,实时监控、采集生产图像。

根据沥青生产要求,改性沥青生产数据采集设备的温度采集范围通常在0~300℃,温度采集精度要达到±1℃;对于数据传输也有一定的要求,通常生产数据传输丢包率小于1/10000条,数据上传延时小于5s。改性沥青生产数据采集设备的安装位置如图4-2所示。

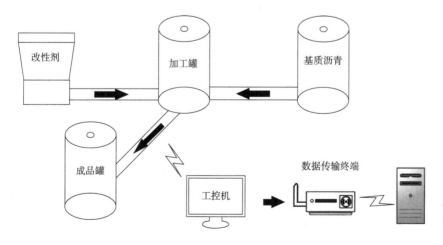

图4-2 改性沥青生产数据采集设备安装位置示意图

4.2.1.3 沥青生产管控系统功能

沥青生产管控系统能够根据改性沥青生产批次,显示、分析逐批次采集的改性沥青生产发育温度、液位、发育时间、材料比例(聚合物与基质沥青的比例,如 SBS 掺量)等信息(图 4-3)。

图 4-3 沥青生产管控系统

4.2.2 改性沥青运输管控

4.2.2.1 改性沥青运输管控硬件设备

沥青运输数据采集设备主要是定位装置、地磅称重系统、数据存储装置。通常会在改性沥青运输车辆加装高精度定位设备(图 4-4),实时定位沥青运输车的地理位置,实时获取车辆位置信息、行驶速度等信息。地磅称重系统用于实时获取运输车质量并记入磅房管理系统。为保证数据完整性,当运输区域没有网络通信信号时,可将采集的数据存储于存储模块中,在有信号时集中上传。

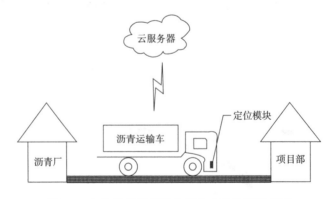

图 4-4 沥青运输数据采集设备安装位置示意图

对于改性沥青运输管控硬件设备,通常要求为:定位模块位置的采集频率 >1 点/min,位置与实测值偏差≤5m,置信度≥98%。沥青运输数据采集设备的安装位置见图 4-4。

4.2.2.2 沥青运输管控系统功能

沥青运输管控系统主要用于沥青材料的溯源,监管生产沥青材料是否用于本工程项目。

通过沥青运输管控系统,可根据沥青运输车次,显示、分析逐车次采集的运输质量、车辆行驶位置、车辆行驶速度、车辆运输轨迹。

4.3 路面混合料生产运输智慧管控

沥青路面施工过程中生产的混合料主要包括水泥稳定碎石与沥青混合料。对于不同类型的混合料,管控要点也有所区别。下面分别就水泥稳定碎石生产管控、沥青混合料生产管控和沥青混合料运输管控进行介绍。

4.3.1 水泥稳定碎石生产管控

水泥稳定碎石目前常采用稳定土类拌和设备进行生产。由于是连续拌和,故难以实时掌握水稳拌和生产过程中集料总量及配合比的波动情况。水泥稳定碎石拌和管控系统采集终端实时采集水稳拌和站生产数据,通过无线或者有线网络的方式传输到服务器端。服务器端存储数据,在网页或者其他移动端展示,展示内容包括各档料的比例、关键筛孔通过率、水泥用量。服务器端对数据进行处理,当发现不合格数据时,可通过短信、微信公众号、手机APP 等途径,向相关人员发出预警信息。水泥稳定碎石生产管控目标见图4-5。

图 4-5 水泥稳定碎石生产管控目标

4.3.1.1 水泥稳定碎石生产管控过程

水泥稳定碎石拌和设备需配备操控电脑。通过电脑直接操控生产过程,且生成的数据可以保存在电脑中。操控电脑的主机需要预留9针串口(COM[①]口)或者 USB[②] 串口。生产数据通过 DTU[③] 设备将串口数据转换为 IP 数据或将 IP 数据转换为串口数据,通过无线通信网络进行传送。根据水泥稳定碎石生产管控功能要求,需要配套的相关硬件设备的参数如表4-1 所示。

[①] COM:Cluster Communication Port,串行通信端口。
[②] USB:Universal Serial Bus,通用串行总线。
[③] DTU:Data Transfer Unit,数据传输单元。

水泥稳定碎石生产管控设备参数表 表 4-1

序号	硬件名称	技术规格
1	水稳拌和站数据监测系统软件	采样频率≥5 次/min
2	数据采集设备(含 DTU)	丢包≤1/10000 条

4.3.1.2 水泥稳定碎石生产管控系统功能

水泥稳定碎石生产管控系统可实现如下功能：

①实时监控：根据需要可实现每 1min 或每 5min 显示水稳混合料的配比、水泥剂量等信息。

②质量动态分析：计算每 1min 或每 5min 生产过程中混合料的材料消耗及误差范围，分析混合料的拌和质量。

③实时短信报警：第一时间获取拌和站搅拌超标信息，及时通知整改。

④拌和信息查询：查看历史拌和信息，包括拌和量、拌和混合料的配比、水泥剂量等信息。

4.3.2 沥青混合料生产管控

沥青混合料生产管控技术综合了传感技术、通信技术，可实时监控沥青拌和站生产过程中每盘沥青混合料的集料、沥青质量、温度等信息，将采集到的数据实时发送至负责接收的服务器平台端，经处理软件对数据进行分析，通过图表形式显示每盘混合料级配、油石比等生产过程信息。系统可存储沥青生产数据，提供查询、导出功能，便于质量追溯。沥青混合料生产管控目标见图 4-6。

图 4-6 沥青混合料生产管控目标

4.3.2.1 沥青混合料生产管控过程

沥青混合料生产管控系统的硬件设备主要包括数据采集设备、传输设备以及数据接收和处理设备，其参数见表 4-2。

第4章 沥青路面施工智慧管控技术

沥青混合料生产管控设备参数表　　　　　　　　　　　表4-2

序号	设备名称	技术规格
1	沥青拌和站数据监测系统软件	采样频率≥5 次/min
2	数据采集设备(含DTU)	丢包≤1/10000 条
3	红外温度传感器	测量精度1℃
4	外加剂添加采集设备	丢包≤1/10000 条

数据采集传输设备安装在拌和站控制室的工控机(图4-7),通过PLC与各个传感器相连,获取实时生产数据(如盘数、各规格集料的质量、矿粉质量、沥青质量、混合料级配、油石比、拌和温度、拌和时间参数等)。采集软件获取工控机上的基础数据库,并通过串口通信与网络DTU设备连接,网络DTU设备再将数据转换成电子信号发送到负责接收、处理数据的服务器。

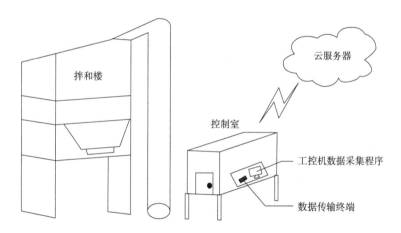

图4-7　沥青混合料拌和数据采集设备安装位置示意图

数据接收和处理系统安装在负责接收监控数据的服务器端,通过预先编辑好的软件,对提取的数据进行分析,分析混合料的生产稳定性,并转换成控制工程质量的指标(如沥青油石比、筛孔通过率、拌和生产周期等),预先录入控制阀值(如油石比的控制上、下限,筛孔通过率的上、下限),一旦超过控制阀值,则进入预警状态,发送预先设置好的警告。系统将处理后的信息存入平台数据库,沥青路面施工质量管理人员通过指定的IP地址登录,通过设计好的用户界面进行数据的查询、统计、下载,综合分析沥青混合料的生产状态(图4-8)。

4.3.2.2 沥青混合料生产管控系统功能

通过对沥青混合料生产拌和过程的管控,可以实现以下效果:

①实时监控每盘混凝土的级配、油石比、温度、拌和时间等质量指标。

②随时查看生产情况,并通过专家系统进行动态质量分析,实时动态分析混合料的级

配、油石比等指标波动情况。

③按照时间及各类条件进行历史数据查询,数据存储在独立数据库中,可长期保存。

④分析每盘材料误差情况,明确各类材料的节超支状况并导出报表。

⑤核算每种材料消耗情况,辅助成本核算。

⑥实时微信报警,确保管理人员在第一时间获取拌和站搅拌超标信息,及时通知整改。

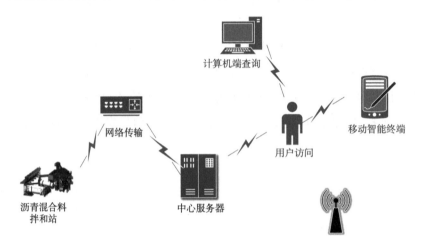

图 4-8　沥青拌和站监管系统图

4.3.3　沥青混合料运输管控

在拌和站、运输车辆、摊铺机安装车辆身份识别跟踪管理设备以及高精度定位设备,对运输车辆进行身份识别,从而使得每一车材料从出站到摊铺全过程可监控,并且为可能发生的质量问题回溯提供相应的数据依据(图 4-9)。

图 4-9　混合料运输管控目标

4.3.3.1 混合料运输管控过程

沥青混合料运输管控是针对施工现场运输车辆的流动性较大特点,综合采用RFID及高精度定位设备实现的。

RFID标签包含了设备和物品的信息,数米之内都可以通过读取设备识别。与条形码不同的是,RFID标签传输距离远,并可以嵌入被追踪物体之内。

在混合料拌和场、摊铺场安装采集天线,在运输车辆的侧厢、尾厢位置安装抗金属干扰的电子标签卡(图4-10)。运输车辆从拌和场出发时,即可监控到出厂的时间;车辆到达摊铺场时,安装在摊铺机械上的天线可扫描、读取车辆的信息,记录混合料的摊铺时间;当混合料卸料结束,车辆离开前场,记录混合料摊铺结束的时间;利用摊铺机械上的高精度定位设备,可获得摊铺的开始桩号、结束桩号、左右幅信息,利用高精度定位设备实现车辆运输轨迹、位置监控。

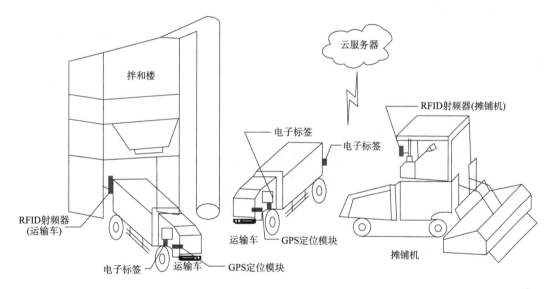

图4-10 混合料运输数据采集设备安装位置示意图

4.3.3.2 混合料运输管控系统功能

通过应用RFID技术与定位技术,可全过程记录每辆运输车的工作信息,为通过地理信息查询具体车辆所摊铺的混合料做基础记录,实现以下功能:

①运输过程监管:实现对车辆运输时长和运输轨迹的监管,避免中途换料等现象的发生。

②质量溯源:可查询任意桩号的混合料的运输信息,包括开始运输时间、开始摊铺时间、摊铺桩号、结束摊铺时间,可推算混合料的拌和质量状况。

③运输历史查询:查询任一车辆的运输信息,包括运输周期、轨迹等信息。

4.4 沥青混合料施工智慧管控

沥青混合料施工智慧管控针对的是沥青路面施工的摊铺碾压环节,对其关键工序的工艺参数进行信息化监控,实时掌握施工过程信息,指导工艺优化。

4.4.1 沥青面层摊铺管控

沥青路面摊铺环节对路面施工质量影响较大:一是摊铺温度决定了路面碾压的初始温度;二是摊铺速度的快慢对同一夯锤振级下的路面初始压实度影响较大。因此,围绕沥青路面摊铺,对其摊铺厚度、速度、温度、作业里程等参数进行管控。

4.4.1.1 沥青面层摊铺管控过程

传统的沥青路面摊铺温度主要依靠现场人员手持温度计进行测量,测量时间长,测量的频率不可能满足实际施工要求。接触式测温仪表因要与被测物体进行充分的热交换,须经过一定的时间后才能达到热平衡,存在测温的延迟现象,故在连续生产质量检验中存在一定的使用局限。

目前,红外温度传感因使用方便、反应速度快、灵敏度高、测温范围广、可实现在线非接触连续测量等众多优点,正在逐步得以推广应用。沥青面层摊铺管控中的沥青摊铺温度测量,即采用红外温度传感器。红外温度传感器精度应达到 ±1℃,采集范围应在 0～300℃。为同时获得沥青路面摊铺横向的温度分布情况,在摊铺机踏板位置安装型材模具,型材长度与摊铺机摊铺宽度一致,且能随着摊铺宽度的变化进行伸缩。型材上设红外温度传感器安装孔,安装数量一般为 4～5 个,安装位置可进行调整、选择,确保安装位置对应摊铺机的中缝、挂杆、边缘位置;红外温度传感器按照信号转换的次序进行编号。

为掌握摊铺速度等实时信息,在摊铺机械上安装厘米级高精度的定位设备,获得摊铺轨迹,从而实现对沥青混合料摊铺速度、摊铺里程的实时监管、统计。定位传感器应支持 RTK[①],x、y 和 z 方向动态测量精度 <3cm。

利用温度传感器、高精度定位终端实现摊铺机的摊铺温度、摊铺速度(每 3s 采集一次数据)实时监控(图 4-11),通过现场主控端和 LED 屏显示,并将采集到的数据传输至中央服务器,通过统计分析处理后直观展现给相关负责人员,动态监管、指导现场施工。

4.4.1.2 沥青面层摊铺管控系统功能

沥青面层摊铺管控系统主要可实现以下功能:

---

① RTK:Real-Time Kinematic,实时动态载波相位差分技术。

①实时监测沥青摊铺机的行走速度,统计每阶段的摊铺里程。
②实时监测沥青混合料铺面的温度及整个摊铺施工断面的温度分布情况。
③实时监测沥青混合料摊铺厚度。
④根据摊铺机编号、桩号等条件,查询摊铺作业状态,包括摊铺具体位置、摊铺轨迹等信息。

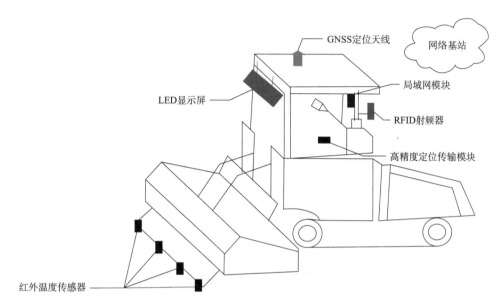

图 4-11　沥青混合料摊铺数据采集设备安装位置示意图

4.4.2　沥青面层碾压管控

沥青面层碾压的三个关键参数为压实温度、压实速度、压实遍数。如果能很好地控制上述三个参数,即可以保证路面压实度。沥青面层智能压实需要借助路面温度的实时反馈,操作手根据反馈信息控制碾压速度和碾压遍数,指导施工;操作手之间进行信息互通,避免出现超压、漏压。

4.4.2.1　沥青面层碾压管控过程

沥青面层碾压管控利用 RTK 技术,在施工现场建立定位基准站,在施工机具上安装流动站,基准站通过数据链将观测值、测站坐标信息传送给流动站,实现厘米级的定位,满足压路机的定位需求。碾压管控流程如下:

1)根据设计图纸、现场测量,对项目线形建模

根据设计图纸中项目线形的起点、终点坐标位置,并经过现场控制点的复测,建立项目的线形图(图 4-12)。

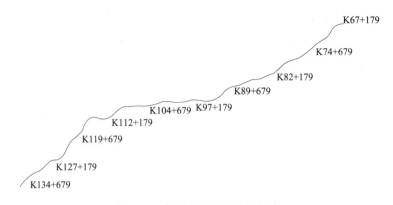

图4-12 项目线形测量建模示意

2）现场架设定位参考基站，与省级测绘部门CORS①网络联测，统一坐标

在项目经理部或是固定位置，设立定位参考基站，为安装在压实机械上的流动站提供差分信号（图4-13）。同时为了保证定位参考基站的坐标位置绝对准确，一般需要和省级测绘部门的CORS网络进行联测，确保坐标位置的正确性。

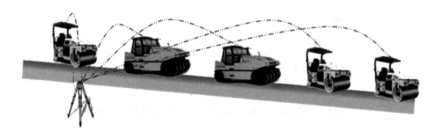

图4-13 定位参考基站为所有压实机械提供差分解算

3）现场压实机械上安装定位设备，与基站采用电台或GRPS②网络通信

在现场压实机械上安装高精度定位设备（图4-14），通过定位基站的差分信号，对现场压实机械进行速度、遍数的测量。

4）现场自组Wi-Fi网络，实现机械之间的通信互联、数据交换共享

测量结果不仅反馈给施工管理人员，还需要反馈给现场压实机械操作手。而压实机械操作手不仅要观测单机的状态，更要看到现场机群的整个作业数据。沥青面层碾压管控系统可建立施工机群的无线Wi-Fi局域网，实现多机械的测量数据共享。在沥青路面碾压中，往往由多个机械共同完成一个作业周期。在此环节利用计算机辅助系统，共享所有采集的数据，并判断每个机械所实施操作到底为第几遍，为后期根据压实度倒推需要碾压的遍数提供基础。

---

① CORS：Continuously Operating Reference Stations，连续运行参考站。
② GPRS：General Packet Radio Service，通用分组无线业务。

第4章 沥青路面施工智慧管控技术

图 4-14 安装在压实机械上的定位流动站

与摊铺管控技术类似,通过在压实机械上加装红外传感器(图 4-15),实时测量路面温度,并利用定位设备集成处理位置、温度信息,对采集的温度信息附上地理位置信息。

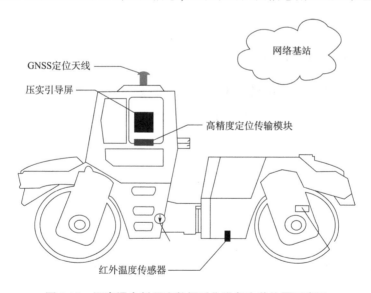

图 4-15 沥青混合料压实数据采集设备安装位置示意图

4.4.2.2 沥青面层碾压管控系统功能

沥青面层碾压管控系统通过在路面工程施工现场安装高精度的定位设备,建立施工现场的定位基站,对压实机械的行走轨迹进行测量,获得每个段落桩号的路面材料的压实遍数,对施工中存在的薄弱环节及时予以反馈,预期可实现的效果包括:

①各参建单位质量管理人员远程查看各个标段工地的施工状况,包括当天施工段落、投

入机械数量等信息,实现无死角的质量巡查。

②查阅任意桩号段落路基工程的压实质量,包括压实遍数、压实轨迹、完成压实的时间、压实速度等信息,客观评价各标段的施工质量。

③压实机械操作人员利用安装在驾驶室内的互联反馈系统,了解施工段落出现"漏压、超压"的具体位置,指导操作手进行操作。

④项目管理人员利用信息系统统计每天的施工段落长度,准确地进行施工进度测算。

⑤对单台施工机械的工作状态进行评价,比如每天碾压距离、振动状态的碾压距离、开始与结束工作的时间、怠工的时长、单台机械出现"漏压"的概率值等信息,对工程机械进行有效的管理,剔除对质量贡献较小的单台设备,提高管理水平。

4.5 沥青路面施工智慧管控平台

沥青路面施工智慧管控平台可向用户提供施工数据查询、施工过程预警、专家辅助决策等功能,让各参建单位充分使用信息化监管系统带来的大数据分析结果,以保证工程建设质量。

4.5.1 智慧管控平台组成

智慧管控平台主要由两层网络组成:第一层是信息网络层,即以太网(Ethernet),由监控中心计算机通过网卡、以太网交换机和 Modbus/TCP 网关由以太网单元相连而组成,监控站或远程终端通过 Modbus/TCP 协议与监控中心实现数据交换;第二层是监控器件网络层,即 Modbus 网,其组成为输送站站控计算机、RTU[①]终端控制单元、采集传感器、控制单元等。智慧管控平台架构见图 4-16。

分布在网络上的诊断信息需要通过远程数据采集,汇总到远程诊断中心。远程诊断中心实时监测各站点当前信道运行状态,一方面可以实现对信道进行远程泄漏诊断,另一方面也可将实时诊断结果传递给相关子系统,便于对各种故障及时采取措施,避免更大损失。系统由两层网络结构组成,分别由 Modbus 协议和 Modbus/TCP 协议实现网络单元之间的通信。

各不同组织的人员,如项目施工与监理单位,通过不同账号登录统一系统平台(图 4-17),并根据不同账号的权限进行相应的操作。

---

① RTU:Remote Terminal Unit,远程终端单元。

第4章 沥青路面施工智慧管控技术

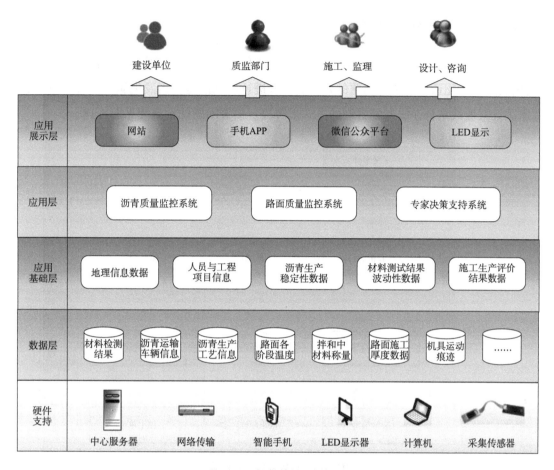

图 4-16 智慧管控平台架构

图 4-17 统一登录平台

4.5.2 信息化预警系统

智慧管控平台对不同环节的施工质量进行阈值设定。当施工中超过相应的技术要求时,则通过信息化预警系统向问题的处置责任人进行信息推送。当发生质量事件时,可结合专家决策系统或结合在线专家咨询的方式来解决。预警问题处置流程见图4-18。

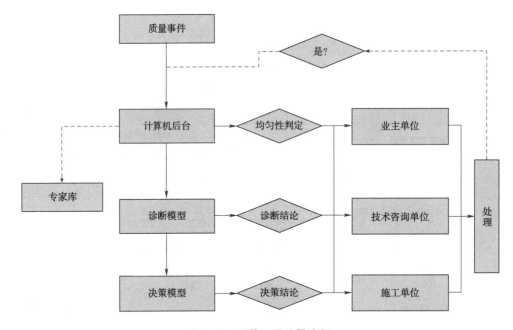

图4-18 预警问题处置流程

为了实现预警问题的闭环,系统采用微信的方式向相关人员推送并提供处理接口。较之于传统的短信预警,实现了预警问题的闭环处置,而不仅仅是发送预警问题。

4.5.3 专家辅助决策信息系统

根据前文所述,过程诊断旨在对预警事件进行分析并做出处理响应,因此存在分析和处理两方面的内容。分析重在"诊断",分析出现预警的原因。处理重在"决策",基于分析结论提出处理措施。专家辅助决策诊断原理见图4-19。

专家咨询意见库是根据多年的技术服务经验,总结、沉淀形成的(图4-20)。对于信息化监管的常见技术问题,均可实现自动回答。对于专家咨询意见库没有的答案,系统设置了推送流程模块,可将技术问题推送给技术咨询服务单位,实现预警问题的闭环处置。

第4章 沥青路面施工智慧管控技术

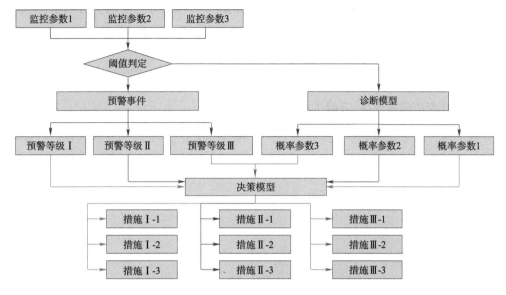

图 4-19 专家辅助决策诊断原理

图 4-20 专家咨询意见库

4.6 本章小结

本章介绍了沥青路面施工智慧管控技术涉及的主要软、硬件设备，实施过程以及最终可实现的功能。对于沥青路面智慧管控技术，不管采用何种方案、设备，最终应实现的目标可总结为以下几点：

①实现拌和数据的实时采集、传输和预警，使拌和数据在线。

②实现运输车运输时间和运输轨迹的监管，避免中途换料等现象的发生，并能够显示每车料的摊铺位置，便于质量追溯。

③实现沥青摊铺机摊铺速度、摊铺温度的实时监控，便于监控温度、离析情况、实时摊铺速度。

④实现对压路机碾压遍数、碾压轨迹、碾压速度、碾压稳定等信息的实时判断,便于现场及时调整和反馈。同时,利用安装在驾驶室内的互联反馈系统,让操作手了解施工段落出现漏压、超压的具体位置,指导操作手进行操作。

⑤通过设置预制阈值进行质量管控,一旦超过控制阈值,系统进入预警状态,向相应的质量管理人员发送预警信息,及时进行干预和处理。

⑥每个监管环节都能够通过电脑端和 APP 进行展示、分析和数据处理统计,可视化效果较好。

第5章 物联网智慧检测技术

试验检测是工程建设质量管控的重要手段。试验检测机构的日常管理工作具有信息要素多、任务量大且繁杂等特点,容易造成某些要素的管理不到位或缺失。当前,普遍存在管理要素信息查询统计不便的情况,重试验检测管理、轻体系运行管理;个别检测机构甚至还存在人为干预检测数据、未开展试验出具报告、体系运行与实际开展活动不符等严重问题。随着信息技术的发展,工程质量控制技术在向智能化的方向发展,物联网智慧检测技术在逐步得到推广应用。借助物联网智慧检测技术,可以提升检测数据的准确性,确保真实性,减轻试验检测人员的劳动强度。

5.1 物联网智慧检测技术发展背景

5.1.1 物联网检测技术的政策背景

2019年7月,交通运输部印发《数字交通发展规划纲要》(交规划发〔2019〕89号),提出加快交通运输信息化向数字化、网络化、智能化发展,为交通强国建设提供支撑;构建数字化的采集体系,推动交通基础设施规划、设计、建造、养护、运行管理等全要素、全周期数字化。

2019年9月,中共中央、国务院发布《交通强国建设纲要》,进一步明确了交通运输行业的战略发展方向,提出了建设"交通强国"的宏伟目标,要紧紧围绕统筹推进"五位一体"总体布局和协调推进"四个全面"战略布局,坚持新发展理念,坚持推动高质量发展,牢牢把握交通"先行官"定位,适度超前,进一步解放思想、开拓进取,由依靠传统要素驱动向更加注重科学技术创新驱动转变,推动交通发展由追求速度规模向更加注重质量效益转变;推动先进信息技术(5G、大数据、物联网、区块链、人工智能等)深度赋能交通基础设施,实现精准感知、精确分析、精细管理和精心服务能力全面提升,构建泛在先进的交通信息基础设施;推动数据资源赋能交通发展,构建综合交通大数据中心体系,提升数据采集、传输、存储能力,加强数据共享融合、创新应用、安全保障和管理体系建设,打造一流设施、一流技术、一流管理和一流服务,为建成人民满意、保障有力、世界前列的交通强国提供有力支撑。

2020年,中共中央政治局常务委员会召开会议提出,加快5G网络、数据中心等新型基础设施建设进度。此后,"新基建"概念逐步在全国推广开来。"新基建"涉及诸多产业链,是以新发展为理念,以技术创新为驱动,以信息网络为基础,面向高质量发展需要,提供数字转型、智能升级、融合创新等服务的基础设施体系。

2022年,交通运输部发布《公路"十四五"发展规划》(交规划发〔2021〕108号),提出深入实施创新驱动发展战略,塑造高质量发展新优势,要求加快培育公路交通发展新动能;要求建立转型发展更有力的建设目标,推动公路交通数字化、智能化水平显著提升,传统基础设施建设与"新基建"融合创新发展取得突破,基础设施和运载装备全要素、全周期的数字化升级迈出新步伐;将建设智慧公路作为重点任务,内容包括推动建筑信息模型、路网感知网络与公路基础设施同步规划建设,加快公路基础设施数字化改造,推进公路基础设施全要素、全周期数字化转型发展,加强重点基础设施关键信息的主动安全预警。

从中央及交通运输部印发的文件中可以看到,智慧交通是未来交通运输行业发展的必然选择。交通运输设备数字化、智能化,基础设施全要素、全周期数字化转型是实现智慧交通的重要手段。

5.1.2 物联网检测技术的工程应用现状

物联网以互联网和移动通信网络为基础,通过射频识别、红外感应器、全球定位系统等传感设备和通信设备,将网络的客户端延伸扩展到所有可以连接的物体对象,实现所有的物品和网络连接。通过物联网,任何物品之间可以实现信息的交换,用户可以实现远程的识别、追踪、监控和管理。

众多学者通过分析物联网技术在智能交通系统中的应用方式,指出城市智能交通中物联网技术的应用领域包括交通信息管理系统、智能化公路管理系统等。周超根据高速公路沿线边坡调查情况,考虑边坡稳定性等多项指标,基于物联网技术,采用多种传感器、测量机器人自动检测等手段建立了边坡实时监测系统。薛长龙等针对鹤大高速公路某路段边坡现状,利用物联网技术构建了边坡监测预警系统框架和云服务平台,并在此基础上开发了信息数据库、灾变信息云监测平台和灾变监测终端。时恒心等基于智能检测技术和局域网构建技术,通过协同短距离Zigee通信技术和长距离光纤通信技术,设计了高速公路主动发光诱导系统,大大提升了车辆在低能见度条件下行驶的安全性。黄奕辉等针对养护施工安全管理问题,设计了基于物联网技术的施工监管机器人和基于红外围栏的施工安全预警系统,可以使相关管理人员实时监测工地安全情况,极大地提高了公路养护施工的安全管理水平和防护水平。杨翠等基于物联网技术设计了智慧型公路隧道照明系统的控制流程及其相关算法,具有动态感知、有效反馈、深度融合等诸多突出优势,为建设资源节约型、环境友好型公路隧道提供了一种新思路、新方法。王开然针对客货运输量日益快速增长的实际需求,设计了利用物联网和大数据技术构建智能调度平台的方案。殷亚君利用物联网、大数据技术,针对智慧公路大数据种类繁多以及格式、量级等不统一的客观事实,通过最大值、最小值云算法对数据进行归一化处理,并在此基础上提出了集高速公路建设期、运营期、养护期数据为一体的智慧运营和智慧养护思路。

物联网技术在公路工程建设施工工艺及建设安全管理方面的应用比较成熟。通过加装质量管控系统,可实现施工设备与系统平台的数据互通,达到实时采集数据、远程管控施工过程的目标。借助信息化、智能化手段建设安全管控平台,实现关键工程结构监控和变形预警功能。物联网技术在施工工艺及安全管理方面的应用效果体现了物联网技术在工程建设中的优越性,也为物联网技术在质量检测方面的研究应用提供了可行性验证。

在公路工程试验检测设备方面,在检测单位及科研院校的努力下,沥青针入度、延度、软化点及少量力学参数检测设备已经实现了物联网化改造,实现了数据自动采集和实时传输。路面平整度、横向力系数、弯沉等参数可以通过多功能检测车进行检测数据自动采集、分析,但是设备成本较高,并未在高速公路建设中推广、普及。此外,高速公路建设中,试验室检测参数(如混合料级配筛分、密度、吸水率、压碎值、路面渗水系数等)的检测大多数仍采用人工方法,效率较低且易受人为操作影响。开发物联网试验检测设备是提升行业智能化水平的重要举措。

试验检测管理平台广泛应用于公路及桥梁施工过程质量管控方面,通过信息化监管设备对每日施工过程进行质量控制。但这些系统都具有一定的局限性。如 C/S[①] 架构把软件的应用局限在办公局域范围内,业务流程受到限制,不利于大范围检测数据的收集,检测数据共享和检测数据统计成为一个难题;系统中原始的检测数据大多通过手工操作录入系统,增加了检测人员的工作量,并且不能保证录入数据真实、准确,这使得检测工作人员从思想上抵触系统的使用;部分业务系统仅仅是针对试验检测的某个部分单独进行开发,不能实现数据共享。因此,有必要开发试验检测管理平台,涵盖试验检测所有流程,真正实现数据在线、信息共享。

因此,为避免高速公路传统试验检测工作的弊端,避免人为因素导致的数据误差,提高检测数据的及时性,加强对试验检测的监管,保证检测数据真实性,并能够根据试验检测数据对工程质量进行监控和溯源,应借助物联网技术以及信息化管理工具,对试验检测设备进行物联网化改造,并搭建物联网试验检测管理平台,实现对各项工程的数据采集、连续监测、施工评价,提高工程施工效率,进而确保公路工程建设质量水平。

5.1.3 物联网检测技术的内涵

物联网检测技术旨在实现试验检测工作设备在线、管理在线、流程在线,提高试验检测工

---

① C/S:Client/Server,客户机/服务器。

作效率,提升建设单位对工程质量的掌控能力。物联网检测技术包含试验检测设备及物联网检测平台,将检测设备、终端、系统平台形成一个有机整体,实现三者数据实时传输。物联网检测技术不仅能解决当前试验检测存在的试验室管理要素信息的查询统计不便、重试验检测管理但轻体系运行管理、对本试验室的"人、机、料、法、环"缺乏全面有效的管理手段等突出问题,也能使检测单位真正实现全方位的长效性监管,有利于各检测机构规范日常运行。

5.2 物联网检测参数

公路工程建设中涉及的分部分项工程较多,而每一个分部分项工程中又包括了数十个甚至上百个检测参数。根据检测对象,可将检测参数分为原材料检测参数、预制构件检测参数及工程实体检测参数三大类;根据检测参数对工程质量的重要性及现场检测频率,可将检测参数分为关键参数及非关键参数两大类。由于检测参数数量巨大,详细说明所有的物联网检测设备难度极大。因此,目前物联网检测技术主要应用于公路工程建设过程中常用的具有代表性的关键检测参数。

5.2.1 实现物联网检测的条件

要想实现检测指标的物联网化检测,首先检测设备应可通过接入定位装置、数据存储装置、网络传输装置进行设计开发,实现数据的自动采集、传输;其次,大部分检测环节可实现自动化,能够减少试验步骤,试验过程中人工参与少。基于上述要求,不适合进行物联网检测的指标主要有试验操作环节较多、需人工观察获取、现有手段较难获得3种情况。

(1)试验操作环节多的指标

大部分试验操作环节较多的指标,进行试验所用设备较为基础,试验操作耗时较长且步骤较多,如土的击实试验、承载比试验等。即使检测这些指标的试验仪器能够进行物联网化改造,也不会简化试验操作步骤,而且改造这些基础的试验设备也不够经济,因此不考虑物联网化。

(2)需人工观察获取的指标

试验过程中需人工观察获取的指标,一部分是试验过程中通过观察发生物理或化学反应的状态进行判断;一部分是需要在试验过程中持续观察,得到的试验指标需要人为判定,且没有确定的数值。

(3)现有手段难以获得的指标

对于试验过程中需要读取不同环节的检测数据后多次计算的指标,即使将设备采集的数据接入数据存储和网络传输模块,也要在系统中设计针对不同试验的不同计算公式和数据处理方式,在进行不同的试验检测时选择相应的试验、计算、上传数据。

5.2.2 可物联网检测的参数

结合多年的工程建设管理经验,笔者进一步征求了行业内专家、学者的意见,采用专家调查法进行评价,最终确定了当前可实现物联网检测的参数,包括沥青、集料、钢筋及连接件、水泥、沥青混合料、无机结合料、水泥混凝土、路基工程、桥隧工程、路面工程、交通安全设施等公路工程建设中的高频检测参数,见表5-1。

公路工程物联网检测设备与参数　　　　　　表5-1

检测类别		物联网检测设备	检测参数
原材料	沥青	针入度仪	针入度
		软化点仪	软化点
		延度仪	延度
		电子天平(1g)	蒸发残留物含量
		傅里叶红外光谱仪	沥青相似度
	集料	电子天平(0.1g)	颗粒级配
			密度及吸水率
			针片状
			压碎值
			含泥量
	钢筋及连接件	微机控制电液伺服万能试验机	屈服强度
			拉伸强度
	水泥	微机控制电液伺服万能试验机	抗压强度
			抗折强度
混合料	沥青混合料	马歇尔稳定度仪	稳定度、流值
		电子天平(0.1g)	空隙率
			油石比
			级配
		车辙试验仪	动稳定度
		电子天平(0.1g、0.01g)	最大理论密度
	无机结合料	微机控制电液伺服万能试验机	无侧限抗压强度
		电子天平(0.1g)	级配
	水泥混凝土	微机控制电液伺服万能试验机	立方体抗压强度
			抗折强度
			劈裂抗拉强度
			砂浆强度

续上表

检测类别		物联网检测设备	检测参数
工程实体	路基工程	电子天平(1g)	最大干密度
		电子天平(1g、0.1g、0.01g)	压实度
		微机控制电液伺服万能试验机	无侧限抗压强度
	桥隧工程	回弹仪	混凝土强度
		钢筋保护层厚度测定仪	钢筋保护层厚度
		超声波基桩测试仪	基桩完整性
		低应变基桩检测仪	
	路面工程	渗水仪	渗水系数
		电子天平(0.1g、1g)	基层压实度
			面层压实度
		电子天平(1g、0.1g、0.01g)	基层最大干密度
		平整度仪	平整度
交通安全设施		立柱埋深检测仪	立柱埋深

5.3 物联网检测设备

5.3.1 检测设备联网方式

随着物联网的快速发展,用户对低功耗、海量连接、超强覆盖和低成本网络的需求越来越迫切。对试验检测设备进行物联网化改造,应根据物联网技术以及仪器自身的特点进行网络传输方式的选择。针对室内和现场物联网检测设备要求实时传输大量数据的特点,网络传输速度应足够快,考虑成本和设计难易程度等因素进行网络传输方式选择。

现场试验检测设备需要采用无线网络传输方式。考虑施工现场网络不稳定,可选择应用蓝牙传输和移动网络传输。在无网络信号的检测区域,可先通过蓝牙传输检测数据并存储至移动终端,检测人员在有移动网络信号的区域将数据上传至试验检测管理平台。室内试验检测数据可通过Wi-Fi、4G和蓝牙进行传输。因此,确定的各试验检测设备的网络传输方式见表5-2。

第5章 物联网智慧检测技术

试验检测设备的网络传输方式　　　　表 5-2

传输方式	试验检测仪器
蓝牙	回弹仪、钢筋保护层厚度测定仪、超声波测试仪、低应变检测仪、渗水仪
4G	智能温湿度仪
4G/蓝牙	针入度仪、软化点仪、延度仪、傅里叶红外光谱仪、马歇尔稳定度仪、燃烧炉
Wi-Fi/4G/蓝牙	连接智能检测终端的大型室内试验检测设备

5.3.2　检测设备升级

建设物联网检测系统,需要对高速公路工地试验室各项试验检测所用设备进行智能化升级改造。

根据《公路工程沥青及沥青混合料试验规程》(JTG E20—2011)、《公路路基路面现场测试规程》(JTJ 3450—2019)、《公路工程基桩动测技术规程》(JTG/T F81-01—2004)、《公路沥青路面施工技术规范》(JTG F40—2004)、《混凝土中钢筋检测技术标准》(JGJ/T 152—2019)等相关规范,结合公路工程室内及现场试验检测设备的特点,检测设备物联网升级主要需要实现以下功能:

①所测数据智能化采集、实时上传、数据准确,防止数据造假现象,保障数据真实、可靠。

②自动接收试验管理系统平台下达的试验任务,供检测人员选取并进行对应的试验检测。

③检测设备及试验环境监测设备在试验过程中可自动采集试验条件参数、试验过程的照片和视频等,为物联网检测设备采集数据的真实性、可靠性提供保障。

④试验仪器物联网化改造经济,且仪器操作简便,易于推广。

⑤结合检测数据的时效性要求、传输要求、录入和分析要求,满足配套检测管理平台的接口标准、数据传输协议。

根据上述检测设备物联网化改造的目标,结合当前检测设备技术水平,改造的方式主要有室内仪器一体化改造、室内仪器加终端改造、现场仪器一体化改造并外加终端改造。对于室内的小型试验检测设备,如沥青三大指标的试验仪器,可进行一体化改造;对于室内的大型试验检测设备,如万能压力试验机等,可通过外加终端并安装数据采集软件进行改造;对于现场试验检测设备,如回弹仪、钢筋保护层厚度测定仪、渗水仪等,均可通过一体化改造后,与移动终端进行连接,传输数据。

对常用的试验检测指标所用设备,根据室内和现场两种不同场景的改造方式进行分类,如表 5-3 所示。

物联网试验检测设备硬件改造方式分类表　　　表5-3

应用场景	分类	改造方式	仪器
室内	大型试验检测设备（有伺服）	外接终端、内置数据采集软件	微机控制电液伺服万能材料试验机（水泥）、微机控制电液伺服万能试验机（钢筋）、微机控制电液伺服抗折抗压试验机
室内	小型试验检测设备	一体化改造	针入度仪、延度仪、软化点仪、马歇尔稳定度仪、燃烧炉
室内	大型试验检测设备（无伺服）	外接智能终端	傅里叶红外光谱仪
现场	无损检测	一体化改造，并结合移动终端	回弹仪、钢筋保护层厚度测定仪、超声波测试仪、低应变检测仪
现场	直接检测		渗水仪

对于室内小型试验检测设备，如沥青三大指标的试验仪器等，可直接进行一体化改造，使仪器的操作和数据传输实现自动化，应通过数据线连接仪器自身留有的接口以及配有控制软件的终端，试验人员在电脑终端中操控试验、上传数据，通过接口传输指令至仪器，从而控制仪器进行试验或上传数据。

现场试验检测设备大多能够进行一体化改造，并配合移动终端进行试验过程的控制和试验检测数据的上传。一体化改造主要是对内部主电路板进行设计和改造，将显示屏等仪器的其他部分接入主电路板，并对设备的基础零件进行改造，便于设备能够在试验完成后自动采集试验数据。设备通过蓝牙通信模块与移动终端进行信号交互，试验人员可通过移动终端对设备进行控制，试验数据也可以通过蓝牙传输至移动终端，再通过移动终端上传至远程终端。

对室内试验检测设备通过直接加终端进行改造时，网络传输方式可选择 Wi-Fi。考虑到现场环境的不确定性，设计试验检测设备时应考虑防尘防水；考虑到可能出现无网络信号的情况，现场试验检测设备除可通过移动网络传输数据外，还应具备通过蓝牙传输数据的功能，便于检测人员在无网络信号覆盖的区域进行试验数据传输。因此，物联网试验检测终端机应采用全封闭式设计，具备防尘防水功能，适用于户外检测。主电路板集成 Wi-Fi、4G、蓝牙通信模块，可接入各类物联网检测设备，进行集中数据采集、分析、传输、数据实时在线预览。采用认证合一的方式，人脸识别成功后方可使用；针对不同试验参数、类型实时进行统计分析，试验完成随即生成试验检测记录表。

5.3.3 物联网检测设备性能

1）通用类检测设备性能

通用类检测设备包括移动检测终端（图5-1）、电子天平（图5-2）、万能材料试验机

第5章 物联网智慧检测技术

(图5-3)等。此类设备通常可以承担多个类别参数的检测活动。技术指标见表5-4 ~ 表5-6。

图5-1 移动检测终端

图5-2 电子天平

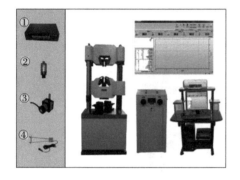

图5-3 万能材料试验机

移动检测终端物联网技术指标　　　　　　　　　　　　　　　　　表5-4

项目	功能要求
传输协议	蓝牙通信服务端接收
通信接口	UART 3.3V TTL 电平,工作频段:2.4GHz
设备联网方式	支持2.4GHz、4G 无线网络,支持1.18~1.19MHz 或更高,支持以太网
防护等级	IP65

电子天平物联网技术指标　　　　　　　　　　　　　　　　　表5-5

项目	功能要求
传输协议	支持 BLE(低功耗蓝牙技术),满足5m 传输距离;使用 ASCⅡ数据格式进行数据传输
通信接口	UART 3.3V TTL 电平,工作频段:2.4GHz
待机时长	>24h
应用程序	任务获取;感量数据自动上传

万能材料试验机物联网技术指标 表5-6

项目	功能要求
传输协议	支持Post请求方式、application/JSON请求头格式
通信接口	RS232/485/USB/网口
数据结构	JSON数据结构
设备屏幕	液晶显示屏,满足1280×640像素分辨率
设备内存	≥2GB
应用程序	任务获取;自动控制;数据自动采集、上传;报告打印

2) 原材料类检测设备性能

原材料类检测设备包含沥青针入度仪(图5-4)、延度仪、软化点仪(图5-5)、傅里叶红外光谱仪等,技术指标见表5-7、表5-8。

图5-4　沥青针入度仪　　　图5-5　软化点仪

沥青针入度仪、软化点仪、延度仪物联网技术指标 表5-7

项目	功能要求
传输协议	支持Post请求方式、application/JSON请求头格式
数据结构	JSON数据结构
设备屏幕	液晶显示屏,满足1280×640像素分辨率
设备内存	≥2GB
应用程序	任务获取;检测结果自动采集、上传

傅里叶红外光谱仪物联网技术指标 表5-8

项目	功能要求
操作系统	Windows7及以上
传输协议	支持Post请求方式、application/JSON请求头格式
数据结构	JSON数据结构
设备内存	≥2GB
应用程序	任务获取;相似度对比;特征峰识别;峰值计算

3) 预制构件类检测设备性能

预制构件类检测设备包含马歇尔稳定度仪(图5-6)、车辙试验仪(图5-7)等,技术指标分别见表5-9、表5-10。

图 5-6 马歇尔稳定度仪　　　　图 5-7 车辙试验仪

马歇尔稳定度仪物联网技术指标　　　　表5-9

项目	功能要求
传输协议	支持 Post 请求方式、application/JSON 请求头格式
数据结构	JSON 数据结构
设备屏幕	液晶显示屏,满足 1280×640 像素分辨率
设备内存	≥2GB
应用程序	任务获取;自动记录马歇尔稳定度、流值;自动上传

车辙试验仪物联网技术指标　　　　表5-10

项目	功能要求
传输协议	支持 Post 请求方式、application/JSON 请求头格式
通信接口	RS232/485
数据结构	JSON 数据结构
设备屏幕	液晶显示屏,满足 1280×640 像素分辨率
设备内存	≥2GB
应用程序	任务获取;自动记录变形量、动稳定度;自动上传

4) 工程实体类检测设备性能

工程实体类检测设备包含回弹仪(图5-8)、钢筋保护层厚度测定仪(图5-9)、渗水仪(图5-10)、超声波基桩检测仪、低应变基桩检测仪、立柱埋深检测仪等,技术指标见表5-11~表5-16。

图 5-8　回弹仪　　　　图 5-9　钢筋保护层厚度测定仪　　　图 5-10　渗水仪

回弹仪物联网技术指标　　　　　　　　　　　　　　　　　　　表 5-11

项目	功能要求
传输协议	支持 BLE(低功耗蓝牙技术),满足 5m 传输距离;使用 ASC Ⅱ 数据格式进行数据传输
通信接口	UART 3.3V TTL 电平,工作频段:2.4GHz
待机时长	>24h
设备内存	≥2GB
设备屏幕	液晶显示屏,满足 1280×640 像素分辨率
应用程序	任务获取;回弹值自动采集、计算修正、上传

钢筋保护层厚度测定仪物联网技术要求　　　　　　　　　　　　表 5-12

名称	功能要求
传输协议	采用 BLE(低功耗蓝牙技术),满足 5m 传输距离;使用 ASC Ⅱ 数据格式进行数据传输
通信接口	UART 3.3V TTL 电平,工作频段:2.4GHz
待机时长	>24h
设备屏幕	液晶显示屏,满足 1280×640 像素分辨率
设备内存	≥2GB
应用程序	任务获取;保护层厚度测定值自动采集、上传

渗水仪物联网技术指标　　　　　　　　　　　　　　　　　　　表 5-13

项目	功能要求
传输协议	支持 BLE(低功耗蓝牙技术),满足 5m 传输距离;使用 ASC Ⅱ 数据格式进行数据传输
通信接口	UART 3.3V TTL 电平,工作频段:2.4GHz
流量测试分辨率	±1mL
待机时间	>24h
设备屏幕	液晶显示屏,满足 1280×640 像素分辨率
应用程序	任务获取;自动计时;水量实时监测;渗水系数自动采集、计算、上传

第5章 物联网智慧检测技术

超声波基桩检测仪物联网技术指标 表5-14

项目	功能要求
传输协议	采用 BLE(低功耗蓝牙技术),满足 5m 传输距离;使用 ASC Ⅱ 数据格式进行数据传输
通信接口	UART 3.3V TTL 电平,工作频段:2.4GHz
待机时间	>24h
设备屏幕	液晶显示屏,满足 1280×640 像素分辨率
应用程序	任务获取;自动采集、修正、上传

低应变基桩检测仪物联网技术指标 表5-15

项目	功能要求
传输协议	采用 BLE(低功耗蓝牙技术),满足 5m 传输距离;使用 ASC Ⅱ 数据格式进行数据传输
通信接口	UART 3.3V TTL 电平,工作频段:2.4GHz
待机时间	>24h
设备屏幕	液晶显示屏,满足 1280×640 像素分辨率
应用程序	任务获取;自动采集、修正、上传

立柱埋深检测仪物联网技术指标 表5-16

项目	功能要求
传输协议	采用 BLE(低功耗蓝牙技术),满足 5m 传输距离;使用 ASC Ⅱ 数据格式进行数据传输
通信接口	UART 3.3V TTL 电平,工作频段:2.4GHz
待机时间	>24h
设备屏幕	液晶显示屏,满足 1280×640 像素分辨率
应用程序	任务获取;自动采集、上传

5)环境监测类检测设备性能

环境监测类检测设备包含温湿度仪(图 5-11、图 5-12)及视频摄像机等,技术指标见表 5-17、表 5-18。

图 5-11　实验室温湿度仪　　图 5-12　养护室温湿度仪

温湿度仪物联网技术指标 表5-17

项目	功能要求
传输协议	支持 UDP/TCP/DNS； 频段:TD-LET(band 38/39/40/41)、FDD-LET(band 1/3/8)
通信接口	4G/Wi-Fi

视频摄像机设备技术指标 表5-18

项目	功能要求
硬盘录像机	8路及以上接口,支持夜视,支持 h.264/h.265 编码,支持硬盘扩展,支持变焦
摄像头	200万像素及以上,支持红外夜视,焦距4mm 及以上,支持录音,像素分辨率 1280×720 及以上
设备内存	不低于 30d 存储回放
数据接入	可接入萤石云平台
供电方式	POE(有源以太网)供电

5.4 物联网检测平台

5.4.1 平台总体设计

平台采用 C/S + B/S[①] 架构模式进行设计开发(图5-13)。C/S 架构主要完成对部分试验检测设备数据采集接口的改造。B/S 架构主要实现试验检测业务管理的功能要求。物联网检测平台以数据汇聚分析与服务为基础。平台划分为数据接入层、共享服务层、平台中间件层、数据存储层。各层互不影响,提高了系统的稳定性和扩展性。分层设计使得系统整体结构清晰,升级和维护工作更加容易,并且能对产生的错误进行有效的管理和控制。

结合试验检测管理业务实际需求,采用 EA[②] 架构,以 BIM + GIS 信息流为中枢,以 BIM 技术为核心,以 SOA[③] 为主线,提出基于 BIM + GIS + SOA + EA 的物联网检测平台架构,实现基于 BIM + GIS 的业务战略和信息技术战略,包括业务架构、技术架构、数据架构以及应用架构,如图5-14 所示。

---

① B/S:Browser/Sever,浏览器/服务器。
② EA:Enterprise Architecture,企业架构。
③ SOA:Service-Oriented Architecture,面向服务架构。

第5章 物联网智慧检测技术

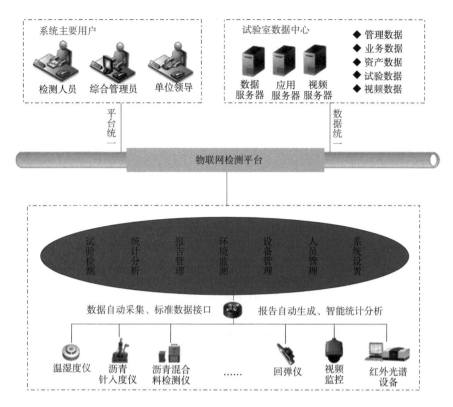

图5-13 物联网检测平台系统总体设计

业务架构是业务战略目标的可操作转换,将数字化管理高层次的业务目标转换成可操作的建设业务,是数据架构、应用架构、技术架构的基础和决定因素。

应用架构描述了数字化管理应用系统的蓝图,包含应用层次、功能、实现方式及标准等,并作为数据架构和技术架构的重要依据。

数据架构为数字化管理提供符合业务逻辑的数据资产和数据管理资产,是基于业务架构基础的信息数据层,站在系统整体的角度分析数据资源和信息流结构。

技术架构是企业架构系统实现的技术保证,包括系统部署和技术环境等,为上层的业务架构、数据架构、应用架构提供技术支持。基于虚拟化技术对计算、存储、网络等资源进行统一管理,为数字化管理平台的各种应用模块提供按需获取的应用服务和数据存储资源,减少重复投资,实现资源的公用共享和最大化利用。

物联网检测平台设计了管理权限,将管理权限划分为3个等级(图5-15)。建设单位可以查看对应项目的所有工程检测数据、检测结果统计、人员、设备、环境情况等云数据;监理单位或第三方检测单位则可以查看下属工地试验室信息、检测数据,接收不合格数据预警提醒等;施工单位工地试验室可以查看本试验室检测数据、统计分析、人员、设备、环境情况等云数据。

图 5-14 物联网检测平台架构图

图 5-15 项目管理权限划分

5.4.2 平台功能模块

物联网检测平台主要功能包括系统设置、人员管理、设备管理、样品管理、环境管理、检测任务管理、数据统计分析等。

5.4.2.1 系统设置

用于设置、维护系统运行的基本信息,是系统正常运行的保障和前提。主要功能包括基本设置、记录表格管理、标准/规范维护和常用信息管理。

5.4.2.2 人员管理

人员管理功能用于管理系统人员基本信息,确保试验检测过程的合法性和可靠性。功能包括人员信息设置维护(图5-16)、检测数据查看、检测项目审核权限管理、检测过程中的人脸识别,保证了现场检测人员与备案人员一致性。

图 5-16 人员信息设置维护

5.4.2.3 设备管理

1)设备二维码

将设备对应的二维码粘贴在设备上,扫描设备二维码可查看信息,包括设备入库基本信息、档案资料、进出场记录和相应可检参数范围。

2)设备检定校准

设备录入系统后(图5-17),按照项目要求生成检定校准计划,在检定前1个月进行通知,提醒试验检测人员对设备进行检定校准登记。

图 5-17　设备信息管理

3) 使用记录查询

使用试验检测设备时,系统中自动保存设备使用记录,记录设备试验日期、任务号、使用人、检测参数等信息。系统支持导出设备使用记录,便于试验检测设备管理。

5.4.2.4　样品管理

样品管理功能包括样品入库编号、样品信息线上查询,对部分有龄期要求的试验样品设置龄期及留样信息通知预警。样品检测状态在系统中可查,样品状态根据试验检测进度自动转变。

5.4.2.5　环境管理

对有温度、湿度要求的检测室和养护设备进行温湿度监测,并设定上、下限值;超过限值,系统推送消息至相关负责人。实时显示单个设备或功能室的温度、湿度,并可查看历史记录,生成波动图表,导出记录台账。配以视频监控系统对检测机构各检测功能室关键部位进行视频监控(图 5-18),保证了试验数据真实、可追溯,试验过程可追溯。

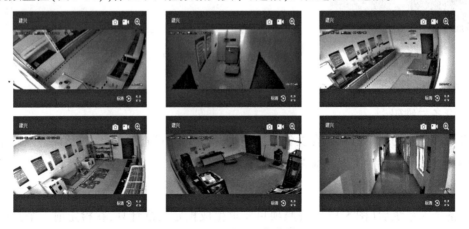

图 5-18　功能室视频监控

5.4.2.6 检测任务管理

1) 任务创建管理

在系统中可选填检测任务信息,包括工程部位、任务接收人、审核人等信息,同时根据系统中录入的检测依据、判定依据等内容,设置参数的上、下限,实现检测任务线上创建(图 5-19)。

图 5-19　任务创建界面

2) 任务审核

检测任务完成后,试验检测数据在系统中自动流转,并通过消息预警通知审核人员进行审核。审核人员可以在线上查看试验检测数据,判定审核通过或者不通过(图 5-20)。如果数据审核不通过,则本次任务需重新进行。

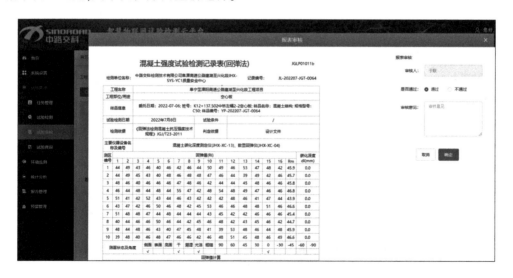

图 5-20　检测任务审核

3)检测报表管理

试验检测机构及工地试验室日常工作中,内业资料是试验检测质量管理的重要环节,但内业资料通常也是试验检测管理的薄弱环节。物联网检测平台从根源上解决了内业资料及台账管理困难的问题。系统通过设备管理、试验管理、样品管理等功能模块,自动存储试验检测记录。

(1)设备使用台账

系统自动记录每项试验检测任务的样品编号、检测时间、设备编号、检测参数等内容,并设置数据查询功能。通过以检测设备为筛选条件,可以查看某一台检测设备的使用情况,并可导出相关使用记录。

(2)试验检测记录表

系统根据物联网参数,对参数的原始记录表(图5-21)进行维护。通过在系统中设置的表格样式,梳理表格中的数据逻辑关系,实现检测数据的准确录入及快速计算。系统中录入的原始记录表应符合检测行业规范、要求。通过试验检测中心,可实现试验检测记录表的自动打印。

(3)试验检测报告

与原始记录表类似,试验检测报告可通过平台进行录入。根据项目建设内容和要求,进行特定的试验检测报告设计。在原始记录表通过审核后,进入试验检测报告审核签发环节。通过线上CA①签证,形成试验检测无纸化办公模型。系统中的试验检测报告(图5-22)可批量导出,便于试验室进行报告管理。

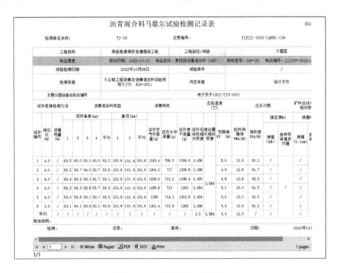

图5-21 原始记录表

图5-22 检测报告

① CA:Certificate Authority,证书颁发机构。

5.4.2.7 数据统计分析

1) 检测数量统计

平台可进行不同维度的检测数量统计,可按照工程部位、时间范围、检测参数等内容进行检测数量统计(图 5-23)。

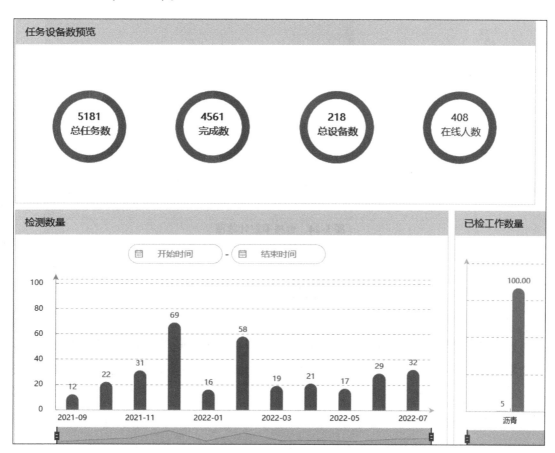

图 5-23 检测数量统计截图

2) 合格率统计

平台支持不同参数、不同工程部位的合格率统计(图 5-24),可按照时间维度展示同一检测对象的合格率变化趋势,为工程建设质量管理提供参考。

3) 工程质量评分

平台可分析、计算分部工程质量评价指数,通过对检测不合格记录的统计汇总,对不同单位采集的数据赋予适当的权重,对每个参数设置相应的扣分值,定期对各标段的不合格记录进行汇总统计,得出该标段的工程质量评价指数。计算公式如下:

$$Q = 100 - \Sigma(\Sigma A \times B) \times C \qquad (5\text{-}1)$$

式中,Q 为质量指数;A 为单个参数不合格计扣分数值;B 为对应参数不合格率;C 为不同单位对应权重,例如施工单位为 0.1、监理单位为 0.4、第三方检测单位为 0.5。

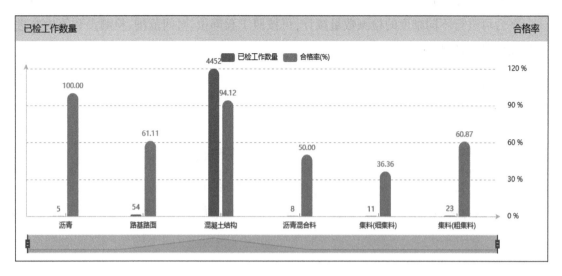

图 5-24 合格率统计截图

5.5 物联网智慧检测技术应用案例

德州至上饶高速公路合肥至枞阳段(合枞高速公路)项目起点位于肥西县高店乡,终点位于枞阳县,接池州长江公路大桥接线工程,全长 134km。合枞高速公路的建设对加快皖江地区整体开发、开放,带动合肥市、六安市、安庆市、铜陵市的经济和社会发展具有十分重要的意义。合枞高速公路是交通运输部第一批全寿命周期 BIM 技术应用示范工程,也是交通运输部工业化智能建造科技示范工程。为适应工业化建造要求,提高工业化建造水平,项目应用智慧工地技术对人、机、料、法、环等多因素实施智能管控。

项目建设过程中,对物联网智慧检测技术进行应用。在现场试验应用了回弹仪、钢筋保护层厚度仪,采集的数据通过蓝牙和移动网络上传至物联网检测平台。室内的试验检测应用了水泥混凝土压力试验机和钢筋万能试验机,试验检测数据通过 Wi-Fi 上传至物联网检测平台。

5.5.1 水泥混凝土抗压强度试验数据分析

2019 年 4 月 1 日—2022 年 4 月 21 日,平台共采集了 9958 条关于水泥混凝土试件的抗压强度试验报告(图 5-25)。部分试验数据见表 5-19。

第 5 章 物联网智慧检测技术

图 5-25　检测记录

各标段水泥混凝土试件抗压强度试验数据(部分)　　　　表 5-19

序号	报告编号	部位	样品编号	样品规格 (cm×cm×cm)	强度等级	测定值 (MPa)	判定结果
1	HZ/BG-TJ-5-TYH-2021-01-009	K93+221 分离立交桥左幅 1 号桩接柱	YP-TJ-5-TYH-20201206-004(01~03)	150×150×150	C35	50.5	合格
2	HZ/BG-TJ-5-TYH-2021-01-010	孔城河特大桥引桥 35 号-1、35 号-2 承台	YP-TJ-5-TYH-20201206-005(01~03)	150×150×150	C40	48.4	合格
3	HZ/BG-TJ-5-TYH-2021-01-008	洪庙中桥 3 号左幅肋板	YP-TJ-5-TYH-20201206-003(01~03)	150×150×150	C30	43.5	合格
4	HZ/BG-TJ-5-TYH-2021-01-006	胡埠高架桥 Y18b-3 桩基	YP-TJ-5-TYH-20201206-001(01~03)	150×150×150	C30	39.3	合格
5	HZ/BG-TJ-5-TYH-2021-01-015	胡埠高架桥 Z6 号-1、Z6 号-2、Y6 号-3、Y6 号-4 承台桩芯	YP-TJ-5-TYH-20201207-005(01~03)	150×150×150	C50	53.9	合格
6	HZ/BG-TJ-5-TYH-2021-01-012	K98+330 圆管涵基础	YP-TJ-5-TYH-20201207-002(01~03)	150×150×150	C25	35.6	合格

续上表

序号	报告编号	部位	样品编号	样品规格（cm×cm×cm）	强度等级	测定值（MPa）	判定结果
7	HZ/BG-TJ-5-TYH-2021-01-008	K93+221 分离立交桥左幅 2 号桩接柱、K93+221 分离立交桥左幅 1 号-1、1 号-2 墩柱	YP-TJ-5-TYH-20201209-002(01~03)	150×150×150	C35	46.1	合格
8	HZ/BG-TJ-5-TYH-2021-01-017	鲁王河大桥 Y1 号-0 桩基	YP-TJ-5-TYH-20201209-001(01~03)	150×150×150	C30	41.7	合格
9	HZ/BG-TJ-5-TYH-2021-01-022	孔城河特大桥引桥右幅 29 号-1、29 号-2 承台	YP-TJ-5-TYH-20201210-003(01~03)	150×150×150	C40	48.7	合格
10	HZ/BG-TJ-5-TYH-2021-01-020	吕亭枢纽 K98+669.33 车行天桥 5 号承台	YP-TJ-5-TYH-20201210-001(01~03)	150×150×150	C30	45.2	合格
11	HZ/BG-TJ-5-TYH-2021-01-021	吕亭南枢纽 DK0+191~DK0+313.5 路堤挡墙	YP-TJ-5-TYH-20201210-002(01~03)	150×150×150	C25	43.3	合格
12	HZ/BG-TJ-5-TYH-2021-01-024	吕亭南枢纽 K98+669.33 车行天桥 4 号承台	YP-TJ-5-TYH-20201211-002(01~03)	150×150×150	C30	40.1	合格
13	HZ/BG-TJ-5-TYH-2021-01-031	吕亭南枢纽 K98+669.33 车行天桥 1 号承台	YP-TJ-5-TYH-20201214-001(01~03)	150×150×150	C30	36.6	合格
14	HZ/BG-TJ-5-TYH-2021-01-033	孔城河特大桥引桥 26 号-Y01、26 号-Y02 承台	YP-TJ-5-TYH-20201214-003(01~03)	150×150×150	C40	46.5	合格
15	HZ/BG-TJ-5-TYH-2021-01-034	孔城河特大桥引桥左幅 25 号、27 号承台垫层	YP-TJ-5-TYH-20201214-004(01~03)	150×150×150	C20	25.5	合格

续上表

序号	报告编号	部位	样品编号	样品规格（cm×cm×cm）	强度等级	测定值（MPa）	判定结果
16	HZ/BG-TJ-5-TYH-2021-01-035	鲁王河大桥 Z1 号-0 桩基、胡埠高架桥 Z18a 号-1、Y18b 号-2 桩基	YP-TJ-5-TYH-20201214-005(01~03)	150×150×150	C30	36.6	合格
17	HZ/BG-TJ-5-TYH-2021-01-041	孔城河特大桥引桥 13 号-04 桩基	YP-TJ-5-TYH-20201216-001(01~03)	150×150×150	C30	36.9	合格
18	HZ/BG-TJ-5-TYH-2021-01-042	孔城河特大桥引桥 13 号-01、13 号-02 桩基	YP-TJ-5-TYH-20201217-001(01~03)	150×150×150	C30	37.3	合格
19	HZ/BG-TJ-5-TYH-2021-01-043	孔城河主桥 40 号下塔柱	YP-TJ-5-TYH-20201217-002(01~03)	150×150×150	C50	57.3	合格
20	HZ/BG-TJ-5-TYH-2021-01-044	孔城河主桥 39 号-02 承台	YP-TJ-5-TYH-20201217-003(01~03)	150×150×150	C35	43.8	合格

项目各标段采用智慧型水泥混凝土压力试验机,结合物联网智能检测终端,通过 Wi-Fi 将检测数据实时上传至检测平台。检测平台对试验结果进行高效快捷的汇总整理后,形成报告,便于各级人员及时查看,从而保证了检测数据的时效性。通过报告编号和样品编号可以详细了解每个混凝土试件的工程部位、用途、规格(型号)、测定值以及抗压强度判定结果,保证每一个混凝土试件的质量达到规范要求,并提供质量问题溯源手段。物联网智能检测终端的应用,改变了传统试验检测模式中检测人员对大量数据进行记录和计算处理的工作方式,减少了检测人员工作量,提高了工作效率,同时保证了试验检测数据的真实性、准确性。

混凝土试件抗压强度试验一次检验合格汇总表(表 5-20)表明:合枞高速公路 4、5、6 标混凝土施工质量较好,其混凝土试件的抗压强度一次检验合格率均达到了 100%;预制标工地试验室的混凝土试件抗压强度试验中,虽存在个别混凝土试件一次检验不合格,但由于基数较大,其一次检验合格率较高,达到了 99.94%。故该项目混凝土试件抗压强度情况整体较好,能够有效保证工程质量。

水泥混凝土试件抗压强度试验一次检验合格汇总表　　　　　　　　　　表 5-20

序号	检测参数	时间	标段	首次检测数	重复检测数	一次合格率
1	抗压强度	2019年4月1日— 2022年4月21日	HZTJ-04	1158	0	100.00%
2			HZTJ-05	1625	0	100.00%
3			HZTJ-06	2121	0	100.00%
4			HZYZ	4774	3	99.94%

5.5.2　水泥混凝土构件回弹强度试验数据分析

从 2019 年 4 月 1 日—2022 年 4 月 21 日，共采集了 1453 条水泥混凝土构件回弹强度试验数据（图 5-26），部分数据见表 5-21。

图 5-26　试验数据

各标段水泥混凝土构件回弹强度试验数据（部分）　　　　　　　　　　表 5-21

序号	报告编号	部位	桩号/构件号	强度等级	平均值（MPa）	标准差（MPa）	最小值（MPa）	强度推定值（MPa）	判定结果
1	HZ/BG-TJ-5-HTJ-2021-01-003	K93+221 分离立交桥	Z1-1 号墩柱	C35	37.3	0.99	35.9	35.7	合格
2	HZ/BG-TJ-5-HTJ-2021-01-004	K93+221 分离立交桥	Z1-2 号墩柱	C35	37.1	1.13	35.2	35.2	合格

续上表

序号	报告编号	部位	桩号/构件号	强度等级	平均值(MPa)	标准差(MPa)	最小值(MPa)	强度推定值(MPa)	判定结果
3	HZ/BG-TJ-5-HTJ-2021-01-005	K93+221分离立交桥	Z1-3号墩柱	C35	39.3	2.36	36.5	35.4	合格
4	HZ/BG-TJ-5-HTJ-2021-01-006	K93+221分离立交桥	Z1-4号墩柱	C35	42.8	2.90	39.5	38.0	合格
5	HZ/BG-TJ-5-HTJ-2021-01-007	K93+221分离立交桥	Z2-2号墩柱	C35	37.5	1.31	35.7	35.4	合格
6	HZ/BG-TJ-5-HTJ-2021-01-008	K93+221分离立交桥	Z1-3号墩柱	C35	54.7	3.06	49.7	49.7	合格
7	HZ/BG-TJ-5-HTJ-2021-02-006	洪庙中桥	右幅0号肋板	C30	37.0	4.09	31.1	30.2	合格
			左幅3号肋板	C30	36.8	2.35	32.1	32.9	
8	HZ/BG-TJ-5-TYH-2021-02-001	吕亭南枢纽DK0+791.254匝道桥	1号墩柱	C35	38.2	1.53	35.9	35.7	合格
9	HZ/BG-TJ-5-HTJ-2021-02-003	吕亭南枢纽DK0+791.254匝道桥	0号桥台盖梁	C40	—	—	52.2	52.2	合格
10	HZ/BG-TJ-5-HTJ-2021-02-002	吕亭南枢纽AK1+295.981匝道桥	1号墩柱	C35	38.3	1.62	35.9	35.7	合格

续上表

序号	报告编号	部位	桩号/构件号	强度等级	平均值（MPa）	标准差（MPa）	最小值（MPa）	强度推定值(MPa)	判定结果
11	HZ/BG-TJ-5-HTJ-2021-02-005	吕亭南枢纽CK1+125.45匝道桥	4-0号肋板	C30	36.3	3.10	30.3	31.2	合格
			4-1号肋板	C30	32.6	0.89	30.7	31.1	
12	HZ/BG-TJ-5-HTJ-2021-01-004	吕亭南枢纽CK1+125.45匝道桥	3-0号墩柱	C35	41.5	2.07	39.5	38.0	合格
			3-1号墩柱	C35	42.1	3.16	38.7	36.9	
13	HZ/BG-TJ-5-HTJ-2021-05-002	孔城河特大桥	左幅39号墩柱	C40	—	—	—	>60	合格
14	HZ/BG-TJ-5-HTJ-2021-05-003	孔城河特大桥	左幅41号墩柱	C40	42.7	0.88	41.6	41.3	合格
15	HZ/BG-TJ-5-HTJ-2021-05-004	孔城河特大桥	右幅41号墩柱	C40	47.4	3.03	43.7	42.4	合格
16	HZ/BG-TJ-5-HTJ-2021-06-001	胡埠高架桥	左幅9-2号墩柱	C40	44.9	1.48	43.5	42.4	合格
			左幅9-1号墩柱	C40	43.5	1.18	41.8	41.6	
17	HZ/BG-TJ-5-HTJ-2021-06-003	K104+634.0X008分离立交	右幅8号肋板	C30	47.1	3.37	42.6	41.5	合格
18	HZ/BG-TJ-5-HTJ-2021-06-002	K104+634.0X008分离立交	右幅7-1号墩柱	C30	44.1	2.72	38.9	39.6	合格
			右幅7-2号墩柱	C30	44.7	2.17	40.7	41.1	
			左幅7-1号墩柱	C30	40.5	2.44	35.9	36.5	
			左幅7-2号墩柱	C30	41.1	0.99	40.1	39.4	

续上表

序号	报告编号	部位	桩号/构件号	强度等级	平均值（MPa）	标准差（MPa）	最小值（MPa）	强度推定值（MPa）	判定结果
19	HZ/BG-TJ-5-HTJ-2021-11-003	上跨G316桥	左幅2-1号现浇墩柱	C30	35.8	3.03	32.3	30.8	合格
			左幅2-2号现浇墩柱	C21	36.6	3.62	31.1	30.7	
20	HZ/BG-TJ-5-HTJ-2021-11-004	上跨G316桥	右幅1-1号现浇墩柱	C30	34.9	2.77	31.1	30.4	合格
			右幅1-2号现浇墩柱	C30	37.1	3.97	30.3	30.6	

现场试验检测应用了智能回弹仪，现场试验采集的数据通过蓝牙和移动网络实时上传至检测平台。通过平台的数据处理及自动生成检测报告功能，及时形成回弹强度检测报告，便于查看，保证了检测数据的时效性。通过报告可以详细了解每个混凝土构件的工程部位、用途、桩号、构件号、强度平均值、强度最小值、强度推定值以及回弹强度判定结果，确保工程实体质量满足规范要求。智能回弹仪的使用，减少了试验检测人员对大量数据的记录和计算处理工作量，提高了工作效率，保证了试验检测数据的可靠性。

混凝土构件回弹强度试验一次检验合格汇总表（表5-22）表明，合枞高速公路4、6标段及预制标段的混凝土施工质量较好，其混凝土试件的回弹强度一次检验合格率均达到了100%；5标段个别混凝土构件回弹强度一次检验不合格，其一次检验合格率稍低，只有95%，所有不合格构件已采取相应的补强措施或者废弃。故合枞高速公路5标段需要加强施工管理，提高混凝土试件的施工质量。

水泥混凝土构件回弹强度试验一次检验合格汇总表　　表5-22

序号	检测参数	时间	标段	首次检测数	重复检测数	一次合格率
1	回弹强度	2019年4月1日—2022年4月21日	HZTJ-04	120	0	100.00%
2			HZTJ-05	60	3	95.00%
3			HZTJ-06	82	0	100.00%
4			HZYZ	1211	0	100.00%

5.5.3 混凝土钢筋保护层厚度检测数据分析

2019年4月1日—2022年4月21日，共采集了1854条水泥混凝土钢筋保护层厚度检测数据（图5-27），部分数据见表5-23。

图 5-27 检测数据

各标段混凝土钢筋保护层厚度检测数据(部分)　　　　　　　　　　表 5-23

序号	报告编号	部位	桩号/构件号	钢筋直径(mm)	设计值(mm)	技术参数(mm)	合格率
1	HZ/BG-TJ-5-BHC-2021-03-001	K93+221 分离立交	Z2-2 号墩柱	28	45	+12,-5	90%
			Z1-3 号墩柱	28	45	+12,-5	95%
			Z2-3 号墩柱	28	45	+12,-5	70%
			Z1-1 号墩柱	28	45	+12,-5	90%
			Z1-2 号墩柱	28	45	+12,-5	90%
2	HZ/BG-TJ-5-BHC-2021-03-002	K103+390.9 洪庙中桥	0 号左幅 0-2 号肋板	12	37	+12,-5	70%
			3 号左幅 3-1 号肋板	12	37	+12,-5	75%
3	HZ/BG-TJ-5-BHC-2021-03-003	吕亭南枢纽 CK1+125.45 匝道桥	3-0 号墩柱	28	45	+12,-5	80%
			3-1 号墩柱	28	45	+12,-5	85%
4	HZ/BG-TJ-5-BHC-2021-03-004	吕亭南枢纽 DK0+791 匝道桥	1-0 号墩柱	28	45	+12,-5	100%
5	HZ/BG-TJ-5-BHC-2021-03-005	吕亭南枢纽 AK1+295.981 匝道桥	1-0 号墩柱	28	45	+12,-5	90%

第 5 章 物联网智慧检测技术

续上表

序号	报告编号	部位	桩号/构件号	钢筋直径（mm）	设计值（mm）	技术参数（mm）	合格率
6	HZ/BG-TJ-5-BHC-2021-04-001	鲁王河大桥	左幅3-0号墩柱	25	45	+12, -5	95%
			左幅3-1号墩柱	25	45	+12, -5	95%
			右幅3-0号墩柱	25	45	+12, -5	80%
			右幅3-1号墩柱	25	45	+12, -5	100%
7	HZ/BG-TJ-5-BHC-2021-04-002	鲁王河大桥	左幅1-0号墩柱	25	45	+12, -5	100%
			左幅1-1号墩柱	25	45	+12, -5	100%
			右幅1-0号墩柱	25	45	+12, -5	95%
			右幅1-1号墩柱	25	45	+12, -5	100%
8	HZ/BG-TJ-5-BHC-2021-04-003	K104＋624.7X008分离立交	左幅6-1号墩柱	25	45	+12, -5	80%
9	HZ/BG-TJ-5-BHC-2021-04-004	K104＋634.0X008分离立交	右幅6-1号墩柱	25	45	+12, -5	80%
10	HZ/BG-TJ-5-BHC-2021-05-001	胡埠高架桥	Y9-4号墩柱	25	45	+12, -5	100%
			Y9-3号墩柱	25	45	+12, -5	95%
11	HZ/BG-TJ-5-BHC-2021-05-002	胡埠高架桥	Y10-3号墩柱	25	45	+12, -5	90%
			Y10-4号墩柱	25	45	+12, -5	90%
12	HZ/BG-TJ-5-BHC-2021-06-001	胡埠高架桥	左幅12-2号墩柱	25	45	+12, -5	95%
			右幅12-3号墩柱	25	45	+12, -5	90%
13	HZ/BG-TJ-5-BHC-2021-07-001	胡埠高架桥	13-2号现浇墩柱	25	45	+12, -5	90%
			13-3号现浇墩柱	25	45	+12, -5	95%

续上表

序号	报告编号	部位	桩号/构件号	钢筋直径（mm）	设计值（mm）	技术参数（mm）	合格率
14	HZ/BG-TJ-5-BHC-2021-09-001	吕亭枢纽CK1+125匝道桥	1-1号墩柱	28	45	+12,-5	95%
			1-2号墩柱	28	45	+12,-5	95%
15	HZ/BG-TJ-5-BHC-2021-09-002	合九铁路桥右幅46号墩柱	右幅46-1	25	40	+12,-5	90%
			右幅46-2	25	40	+12,-5	90%

合枞高速公路现场试验检测应用了智能钢筋保护层厚度仪，现场试验采集的数据通过蓝牙模块传输至移动检测终端，再通过移动网络实时上传至检测平台。平台通过数据处理功能实现检测数据的快速处理，生成试验检测报告，保证了检测数据的真实性和时效性。通过报告可以详细了解每个试件的部位、用途、桩号、构件号、样品的钢筋直径、设计值、测定值以及钢筋保护层厚度合格率，定点查找工程质量的薄弱环节。智能钢筋保护层厚度仪的使用，有效减少试验检测人员记录、计算、处理大量数据的工作量，在提高工作效率的同时，保证试验检测数据不失真。

混凝土钢筋保护层厚度检测一次检验合格汇总表（表5-24）表明，合枞高速公路5、6标段的混凝土施工质量较好，其混凝土钢筋保护层厚度检测一次检验合格率均达到了100%；4标段及预制标段有多个混凝土试件的钢筋保护层厚度一次检验不合格，其一次检验合格率稍低，分别为97.08%和99.2%。故合枞高速公路4标段及预制标段需加强施工管理，提高钢筋保护层厚度检测一次检验合格率。

混凝土钢筋保护层厚度检测一次检验合格汇总表 表5-24

序号	检测参数	时间	标段	首次检测数	重复检测数	一次合格率
1	钢筋保护层厚度	2019年4月1日—2022年4月21日	HZTJ-04	274	8	97.08%
2			HZTJ-05	32	0	100.00%
3			HZTJ-06	74	0	100.00%
4			HZYZ	1249	10	99.20%

物联网智慧检测技术与检测平台的应用，既能够减少试验检测人员人工记录和后期整理数据的工作量，也能够避免试验人员在记录或整理数据时的失误，同时提升了试验人员的检测效率，减少了试验人员的投入，节约了时间和人力成本。另外，检测平台的数据处理及统计分析功能实现了检测数据的赋能，可统计不同参数、不同工程部位、不同时间段的数据合格率或波动情况，动态指导工程建设，为工程决策提供数据支撑。

5.6 本章小结

本章主要介绍了物联网智慧检测技术的发展背景、技术内容及具体项目应用案例。随着"互联网+"的提出,5G、物联网、大数据等新兴技术与传统产业的融合趋势越发明显。近年来,交通运输部及各地区都发布相关文件,积极推动智慧交通建设,明确提出应用新型技术提高交通运输的效率和水平。物联网检测技术作为智慧交通的重要组成部分,响应了时代发展潮流,是试验检测行业发展的必然。

物联网技术的核心包括无线射频识别技术、网络通信技术、无线传感技术、智能处理技术等。作为一项综合性技术,物联网技术已经广泛应用于电网智能化、交通智能化管理等领域,展现出突出的技术优势。在公路工程建设中,物联网技术主要用于项目管理、施工质量管控、安全管理、施工环保管理方面,对工程建设质量与管理产生了积极的效果。

物联网智慧检测技术旨在实现试验检测工作设备在线、管理在线、流程在线,提高试验检测工作效率,提升建设单位对工程质量的掌控能力。物联网智慧检测技术由物联网检测设备、物联网检测平台组成。根据不同使用场景,检测设备的物联网化改造方式存在差别。物联网检测设备的核心功能是数据采集及实时传输,设备还应能与平台或终端实现数据互通,具备接收检测任务等功能。

安徽省合枞高速公路建设中开展了物联网智慧检测技术专题研究并进行了应用,取得了一定成效。本章对公路工程关键检测参数、检测设备物联网化改造方式、物联网检测平台功能设计等内容进行了阐述。结合应用成果,可以看出物联网检测技术提高了试验检测工作的准确性,展现了物联网检测技术在公路工程建设中对工程建设过程质量的掌控能力。

第6章 施工环境智慧监测监控技术

公路工程项目施工过程中除了需要对人、机、物进行基础的信息化管理,对路基、路面、桥涵施工的施工工艺进行智能化的管控,通过智慧型的试验检测设备及数字化的检测平台进行施工质量的把控,还需要通过对施工环境进行监测,保障人员、设备安全,尽量减少对环境的污染。

6.1 智慧监测技术现状及需求

6.1.1 智慧监测技术现状

6.1.1.1 环保监测技术现状

近年来,我国环境问题突出,一些大中城市的雾霾天气较为严重,尤其是在京津冀、长三角、珠三角。空气污染严重的深层次原因是我国快速工业化、城镇化过程中所积累环境问题的显现,大气污染排放总量远远超过了环境容量。其中,因工程施工产生的扬尘污染已经成为影响空气质量的主要原因之一。

公路工程施工过程中对生态环境的破坏主要是植被破坏、水土流失、大气和噪声污染、旧路废弃材料污染等。

1)植被破坏

在路线选线阶段,通常会把对原有生态环境的破坏降到最低。但公路工程施工不可避免地会破坏两侧植被,不得不进行移栽或砍伐,造成生态环境的破坏。

2)水土流失

公路工程建设对砂石料需求巨大,需要进行大量开采。如果开采过程中没有科学规划、没有合理选定取土场或碎石料场,乱采乱掘,极易造成水土流失。如果公路路线与河流交叉较多,在公路施工过程中改变原有河道,也可能造成水土流失。

3)大气和噪声污染

在整个公路工程施工过程中,施工流程相对较多,施工时间也比较长,施工设备、运输车辆的运行产生较大的噪声,干扰周边居民正常的生产生活。此外,在施工过程中还存在着大

第6章 施工环境智慧监测监控技术

气污染问题,此问题主要是由公路工程施工材料的特殊性所造成的,如在沙砾料、碎石料运输的过程中会产生扬尘,在公路路基施工过程中如果洒水不及时也会造成扬尘污染。

4)旧路废弃材料污染

在旧路改建过程中,因原有道路服务期满或超期服役,需要拆除旧路无法继续正常使用或存在安全隐患的构造物,如桥梁、涵洞、路缘石、防排水设施等,此外还会挖除旧路沥青混凝土路面、基层、路基边坡,这些废弃物对环境造成一定的破坏。

为防治及减缓施工过程中对环境造成的污染,已有工程应用数字化的环保管理技术,采用废弃混凝土零排放再利用技术,对混凝土中的砂石进行分离循环利用,实现废弃混凝土零排放,有效避免了混凝土废料对周边生态环境的污染,而且降低了生产成本;还有工程通过信息化平台,通过合理的工序安排机械高效率使用,并监控机械设备的污染排放,强化机械设备的节能降耗。在环境保护方面,更多的工程建立了生态环境监测平台系统,通过智能化的监测仪器对施工现场环境进行实时监控,贯彻生态环保理念,加强节能低碳技术应用,严格坚持绿色文明施工。

随着可持续发展成为社会的共识,节能环保已成为公路工程建设中一项新的要求和标准,尤其对于"品质工程"创建必不可少。目前,已有大量工程通过环保信息化管理,有效地减轻了环境污染,提高了资源利用效率,降低了施工成本,创造了广泛的社会效益、环境效益及经济效益。

6.1.1.2 安全监测技术现状

近年来,我国公路工程建设投资逐年增加,工程建设体量大,重点工程类型多,相关人员和机械设施设备多,导致施工安全风险和安全监管难度增加。在此前提下,公路工程施工安全生产监督管理和平安工地建设受到高度重视。《全国安全生产专项整治三年行动计划》(安委〔2020〕3号)提出要突出建筑施工、道路交通等重点行业领域专项整治,全面排查整治安全隐患,强化重大工程和设施安全风险防控,落实安全责任措施。交通运输部办公厅《"平安百年品质工程"建设研究推进方案》(交办安监〔2018〕147号)提出要推进大数据、人工智能等先进技术在工程质量安全管理、设计、施工领域的研发应用。

《中华人民共和国安全生产法》强调落实全员安全生产责任制,大力推行安全管理标准化,制定标准化准则,实行统一管理,大幅提升了"安全"的地位,微观上要求全员落实安全责任意识。安全管理标准化是新形势下安全生产工作方式方法的创新和发展,也是科技创新、新技术应用、可视化管理等方面的重头戏,推行安全管理标准化既可全面提升项目施工期间安全管理的整体水平,又可避免事故频发,促进项目生产,从而实现安全与效益、安全与健康、安全与发展之间的有机融合。

目前,已有对公路工程施工安全管理的影响因素及完善方法进行的深入研究与分析,分别对管理人员、安全管理制度、管理技术以及施工现场管理四个因素展开分析,并在提升人员专业能力、完善安全管理制度、强化施工人员管理技术等方面提出了一些合理的意见和措施,意图解决影响施工安全的问题,从而进一步提高公路工程施工安全管理工作质量。

研究人员围绕公路工程施工关键作业环节,着重对施工安全管理的风险管控和隐患治理双控体系进行设计,采用新科技手段进行前端数据的采集,打破不同管理方的数据壁垒,对各管理方的安全管理数据进行重塑、融合,分析安全管理状况,快速找到问题原因并进行改进,保证各管理方可在施工安全体系下掌握施工项目的风险评估执行、隐患排查、平安工地建设等情况。

已有工程应用二维码技术进行安全管理。二维码技术在风险源与管理者之间充当"媒介"作用,管理者通过施工现场反馈的施工情况,及时判断可能存在的风险,并上传预防方案。同时,二维码技术能帮助管理者提高现场安全管理精准度,实现安全管理精细化。二维码技术能展现形式新颖、内容丰富、图文并茂的安全资料。工人自己能联网扫码操作,提高参与度。

在安全管理方面,研究人员、技术人员已根据国家相关政策进行了施工环节安全影响因素分析,提出了相关技术措施,提升公路工程施工安全管理工作质量。还有部分研究人员设计开发安全管理信息化平台,或采用先进的技术进行智慧化的安全管理。

6.1.2 智慧监测需求

6.1.2.1 环保监测

工程施工现场扬尘(图6-1)、噪声污染时常发生,因此,为积极响应绿色发展方针,减少资源消耗以及环境污染,实现可持续发展的目标,可以在环境敏感区域配置PM10/PM2.5、噪声、风速等环境监测设备,对项目实际施工过程中的环境数据进行监测,并通过环境管理平台实现环保监测数据的可视化。

图6-1 施工现场扬尘现象

6.1.2.2 安全监测

公路工程项目施工中发生的高频事故类型主要有高处坠落、机械伤害、物体打击、坍塌、起重伤害等。生产安全事故一般具有以下几个特点:

①生产安全事故的发生地较为集中,几乎贯穿施工建设期全过程。
②安全事故造成的破坏性后果严重,范围较广。
③责任追究力度大,安全主体责任落实不到位的人员均须负责。
④社会影响大,极易给多方造成负面影响。

公路工程项目相关的人员及设备众多,管理涉及的要素范围极广。由于安全工作过程缺乏高效的监管、留痕手段,安全资料的管理不够系统及规范,安全管理责任落实不到位,保证人员、设备及施工安全一直是施工的一个难题。此外,对施工现场存在巨大风险位置的监控不足,普遍存在对"两区三场"、试验室等监控不到位等情况。

因此,需要为大型施工机械(如架桥机、门式起重机)配置安全传感装置,并建立安全管理系统平台,实现项目施工安全的系统化、标准化、规范化管理,并实现施工过程回放、进度对比功能,保证安全问题可追溯。

6.1.2.3 视频监测

目前,施工现场重要的施工区域由于监控不到位,仍存在施工人员不佩戴或不正确佩戴安全帽等不安全的行为,存在施工人员安全意识不足而发生的安全事故。

对施工场站进行视频监控是保障施工安全、规范施工、检测人员行为的重要手段之一,在特大桥、枢纽互通、拌和站、预制场、沥青路面摊铺现场、工地试验室等主要、重要部位实施远程视频监控,通过视频人工智能检测技术,对项目人员安全行为进行管控。

6.2 环保监测

环保监测系统对工地扬尘污染和噪声污染进行监控,并通过环保监测管理平台(绿色管理平台)对工程施工过程中的环保措施实施情况进行管理、监测、评价。环保监测系统功能架构如图6-2所示。

图6-2 环保监测系统功能架构示意图

6.2.1 环保监测设施

通过噪声监测仪、大气在线监测设备、气象在线监测设备、空气质量监测仪等设备

(图6-3)对施工环境中的颗粒物污染、噪声、扬尘情况进行自动监测。

图6-3 扬尘、噪声监测设备

根据环保监测功能,施工单位需要配套相关硬件设备,以便于各项环境监测功能的实现。环保监测设备参数如表6-1所示。

环保监测设备参数表 表6-1

序号	设备名称	技术规格
1	PM2.5\PM10 监测仪	量程30~1000μg/m,分辨率31μg/m
2	噪声监测仪	量程30~120dB,分辨率1dB

环境监测信息实时显示在施工现场的大屏上,数据实时上传至绿色管理平台。如果监测数据超过限值,系统会及时推送预警信息至相关人员(图6-4)。采用环保监测设施,辅以环境定期监测报告和现场定期检查照片,实现工程建设全方位、全过程环境智能感知,结合绿色管理平台实现对工程施工过程中的环保措施实施情况的管理、监测、评价。

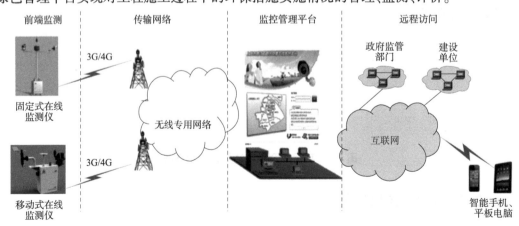

图6-4 环保监测架构图

6.2.2 绿色管理平台

6.2.2.1 绿色管理平台简介

绿色管理平台基于物联网、互联网、智能感知等技术,全方位监测公路工程建设项目的环境信息和碳排放信息,实现对公路建设施工全过程的大气、水、噪声、土壤等各环境要素以及施工期碳排放的实时监测。针对环境监测,建立以省控网格、增补网格及项目网格为主体的三级网格监测体系,并与交通运输部门和生态管理部门进行数据交互联动,形成环境监测数据共享与协同运作;对于碳排放监测,构建典型样本监测标准,并制订碳排放管理目标,形成碳排放管理体系,实现碳排放实时监测、精准化管理。在此基础上,通过移动端和电脑端对建设项目绿色环保形象进行展示,实现建设项目绿色环保情况实时查看与监督。绿色管理平台架构见图6-5。

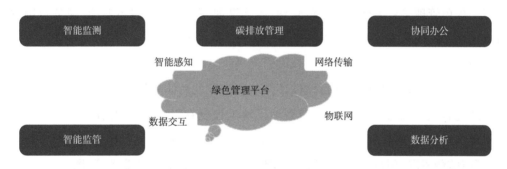

图6-5　绿色管理平台架构图

6.2.2.2 绿色管理平台特色

1)基于绿色风险源辨识,实现绿色风险源动态管控

采用风险矩阵法,耦合管控要素强度及区域环境敏感性等级两种因素,建立高速公路建设期的绿色风险源识别及影响程度分级方法,实现绿色风险源动态识别,提高绿色风险源识别效率,强化绿色风险源管控能力。

2)基于绿色指数评价指标,实现绿色管理过程管控

采用定性与定量分析法,从绿色体系、过程管理、社会监督、环境监测以及加分项五大目标层入手,建立各参建单位绿色管理评价指标体系,每季度对各参建单位绿色指数进行打分,分析各参建单位绿色管理存在的问题,实现绿色管理过程管控。

3)建立三级网格监测体系,助力精准管理与差别管控

依托江苏省环境监测中心大气监测网格,建立以省控网格、增补网格及项目网格为主体的三级网格监测体系,实现交通建设项目周边区域的环境监测与污染溯源;运用空间预测模型,对交通建设项目各区段环境污染进行预测,实现环境污染预警管理。

4）构建碳排放管理体系，实现碳排放分级管理

采用自下而上法建立典型样本监测标准，利用智慧感知设备对施工期碳排放进行实时监测，并制订碳排放管理措施，实现能耗与碳排放动态监测、自上而下分级管控，提高对施工期能耗与碳排放的管理能力。

5）提出监测质量控制方法，实现数据安全交互联动

通过数据加密传输，实现交通运输部门与生态管理部门之间的数据交互联动，项目级与省级监测数据之间的交互联动，实现绿色环保管理决策联动，建立空气质量数据联动评价指标，为豁免资质推荐和豁免条例调整、修改提供参考依据。

6.2.2.3 绿色管理平台基本功能

绿色管理平台可展示施工对环境造成的污染程度，对实时上传的扬尘监测数据以及其他数据进行统计分析、报表查询，有助于控制施工污染物排放，进一步提升环境质量，保证绿色施工。绿色管理平台主要包括绿色管理、风险管理、专项活动、绿色监测、绿色费用、档案管理六大功能模块以及首页展示界面。具体功能介绍如下：

1）首页展示

绿色管理平台首页提供对项目整体环保监测情况的总体概括，便于项目相关人员或检查人员通过各项信息的总体展示图，直观地了解工程现阶段绿色管理情况。绿色管理平台首页展示内容包含项目绿色指数、风险源情况、绿色检查情况、绿色费用使用情况、近期绿色资讯、环境监测概况、预警信息、绿色设备分布、监测网格分布、视频监控等（图6-6）。

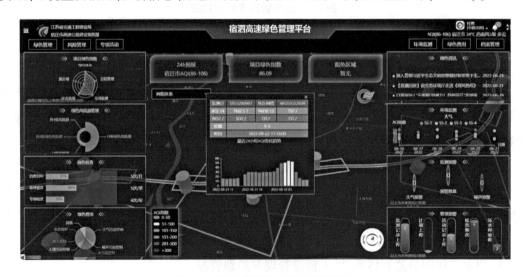

图6-6 绿色管理平台首页展示界面

2）绿色管理

绿色管理模块是各参建单位进行日常绿色管理活动所使用的模块，其内容涉及：待办事项

处理,人员组织架构、信息录入、权限分配等,监测设备概况(图6-7)、使用与维护信息等,绿色月报(图6-8)查看与绿色工作月(周)报上传,绿色投诉处理及分析,绿色指数查看、录入与评分,方案审批等。绿色管理模块实现日常绿色管理活动、信息、流程的集中处理与上报、审批。

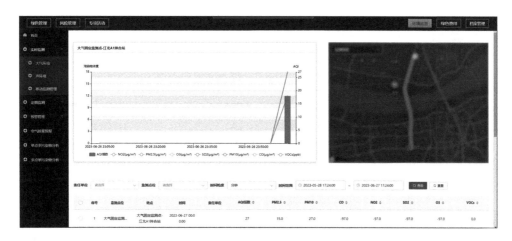

图6-7 监测设备概况

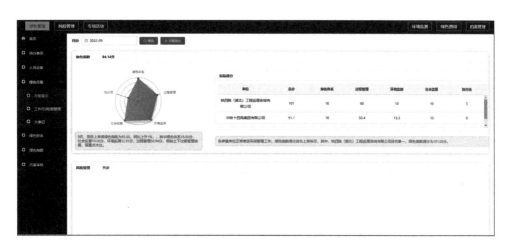

图6-8 绿色月报

3)风险管理

风险管理模块的功能包括风险源辨识与评估、风险源管理与控制。风险源辨识与评估功能包含风险源的类型、等级、风险位置等信息,并对风险源进行分析(图6-9)。风险源管理与控制功能包含自查自纠、监理巡查(图6-10)、日常巡查、专项检查四部分,针对项目各方开展的环保检查,分析检查结果及问题整改情况。风险管理模块用于辅助各参建单位针对项目建设过程中的存在的风险进行管理。

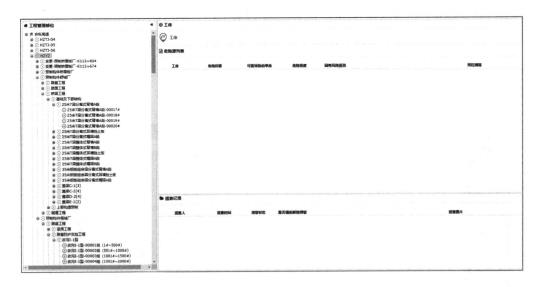

图 6-9　风险源辨识与评估

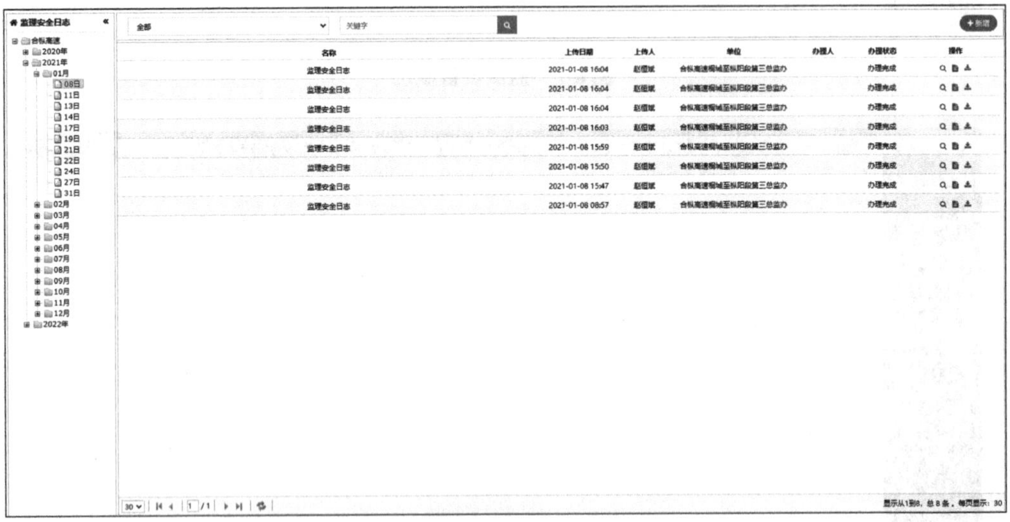

图 6-10　风险管理与控制（监理巡查）

4）专项活动

专项活动模块的功能包括宣传培训、考核奖惩以及环水保验收。宣传培训功能是对项目人员安排定期的生态环保、绿色施工等方面的培训,并对培训课程从计划安排到执行全过程进行记录。考核奖惩功能提供对项目环水保费用的监管。环水保验收功能对项目各相关单位环水保执行情况的验收工作进行统计。专项活动模块可用于督促各参建单位及时开展绿色教育、宣传以及考核等活动,并且形成线上记录,用于统计分析（图6-11）。

第6章 施工环境智慧监测监控技术

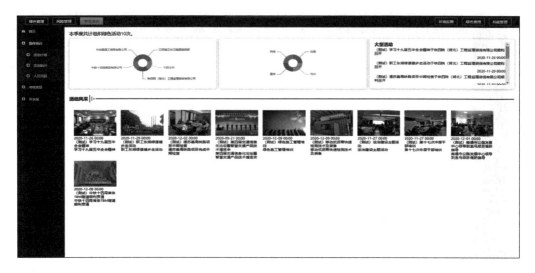

图 6-11 专项活动统计、展示

5) 绿色监测

绿色监测模块的功能包括实时监测大气环境(图6-12)和噪声数据、定期监测水质和土壤数据、监测数据预警管理、空气质量预报以及对环境污染整体情况的多角度分析,实现对各类污染物监测的可视化与分析。

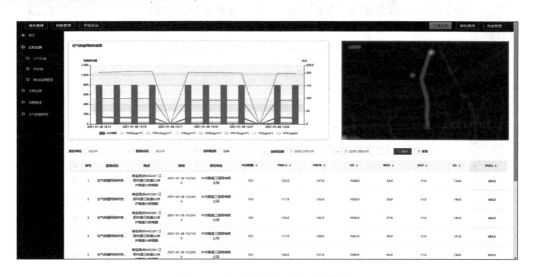

图 6-12 绿色监测(大气环境监测)

6) 绿色费用

绿色费用模块是针对项目建设过程中的生态保护、水土保持、土壤污染控制、水污染控制、噪声污染控制、大气污染控制等方面的绿色设施设备、污染处理等的资金投入情况,进行可视化管理与动态管控,便于绿色费用的统计与分析(图6-13)。

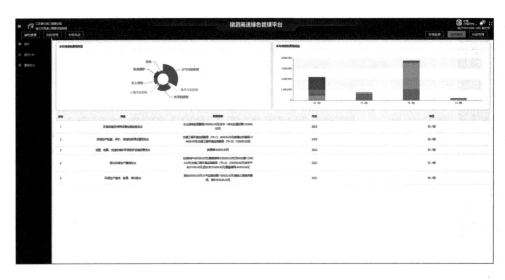

图 6-13 绿色费用

7）档案管理

档案管理模块提供公路建设过程中与绿色建设相关的法律法规、各参建单位制订的相关制度文件、工作用表以及用户手册，便于查阅（图 6-14）。

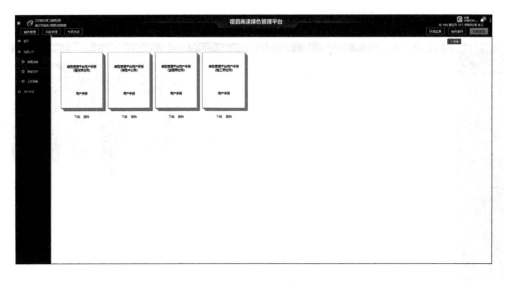

图 6-14 档案管理（用户手册）

6.2.2.4 绿色管理平台协同功能

1）环保情况智能监管

采用信息化手段对参建单位绿色行为进行约束，对绿色设备、绿色活动、绿色检查、绿色费用等进行在线管理；对绿色风险源进行辨识及分级，督促施工单位对绿色风险源进行分级管控；构建绿色指数评价体系，实现工程建设项目全方位评价，提高智能监管能力；依托交通

第6章 施工环境智慧监测监控技术

运输部门与环保管理部门的监测数据交互联动,实现绿色环保管理决策联动(图6-15)。

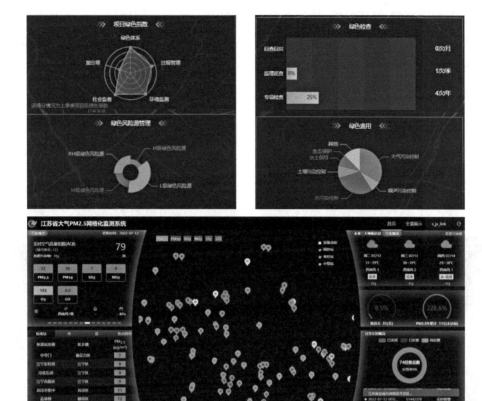

图 6-15 智能监管

2)协同办公

通过流程电子化,实现绿色设备审批与报修、绿色投诉整改、绿色检查整改、绿色宣传培训计划审批、监测预警整改等业务流程的线上流转,缩短审批周期,提高参建单位管理能力,便于协调工作部署(图6-16)。

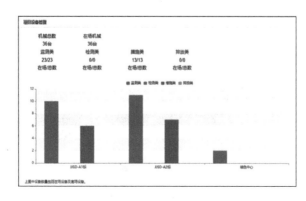

图 6-16 协同办公

3）数据分析

通过对智能监测、智能监管、协同办公等数据的统计，对建设项目绿色环保水平进行可视化分析（图6-17）。对已发生的污染情况，及时预警，并建立预测模型作为工序安排的依据（图6-18）。通过对比三级网格监测数据，分析项目施工对周边环境的实际影响水平，助力建设项目秋冬季重污染天气停限产豁免申请。

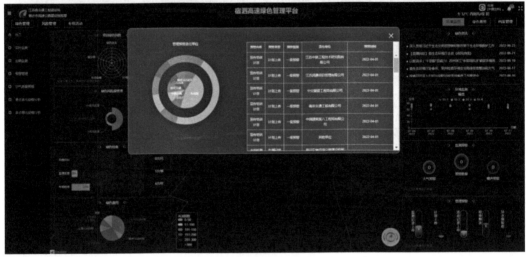

图6-17　各模块数据分析

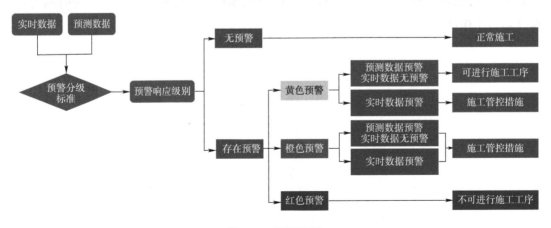

图6-18　预警流程

4）碳排放管理

利用智能感知设备,对能耗与碳排放进行实时监测,实现能耗与碳排放的动态监测（图6-19）。采用支持向量机算法,建立预测预警模型,实现碳排放自上而下分级管控。

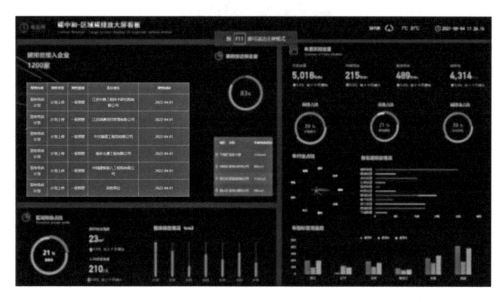

图6-19 碳排放管理

6.3 安 全 监 测

安全监测系统通过对安全的监控,可以实现特种设备作业监测、VR[①] 安全体验。

6.3.1 特种设备作业监测

门式起重机、架桥机等特种设备的运行过程中存在安全隐患,为此需要对特种设备运行状态、特种设备的使用进行管控。特种设备作业监测模块通过安装于相关特种设备驾驶室的黑匣子、安装在各个监控部位的各类传感器、无线通信模块和地面监控软件,实时获取所控设备当前运行参数,监控设备运行状态（图6-20、图6-21）,实时记录并显示所控设备作业运行情况,可进行超限危险报警和紧急制动控制,最大限度保障所控设备作业安全,提高现场监管能力。

根据上述对安全监测功能的分析,特种设备作业监测需要配套的相关硬件设备参数如表6-2所示。

---

① VR：Virtual Reality,虚拟现实。

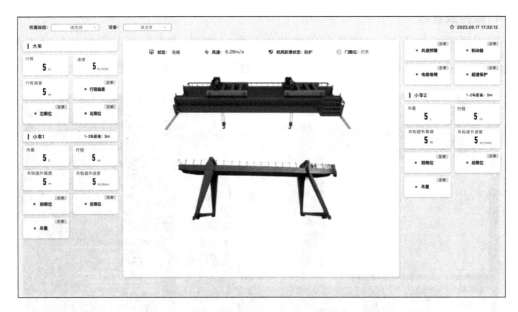

图 6-20　门式起重机运行监控

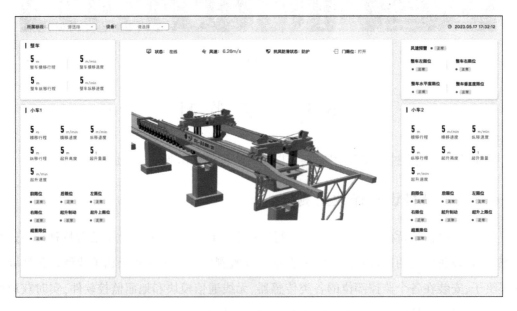

图 6-21　架桥机运行监控

特种设备作业监测硬件参数表　　　　　　　　　　　　　表 6-2

序号	设备名称	技术规格
1	架桥机数据采集终端	对于架桥机的重载结构、重载传动、重载驱动系统的关键部件进行节点通道配置；信号调理模块与相应的节点类型相匹配，节点处包含数据采集模块
2	门式起重机数据采集终端	采集门式起重机小车行程、质量、吊钩下放高度等运行数据

6.3.2 VR 安全体验

VR 安全体验模块配置 VR 眼镜及相关设施(图 6-22),建立 VR 虚拟体验馆,通过体验馆的仿真化、沉浸式扮演、执行任务等功能,让项目人员身临其境地深刻体会到施工安全教育的深刻意义,提高项目安全教学、技术、管理等水平。

图 6-22　VR 安全体验设施

安全教育课程包含劳保用品展示、钢丝绳使用方法展示、平衡木体验、操作平台倾斜体验、高空坠落体验、安全带体验、安全帽撞击体验、灭火器演示体验、综合用电体验、现场急救体验、隧道安全体验等项目。

6.3.3 安全管理系统

安全管理系统基于公路工程施工现场安全管理现实需要,充分应用"互联网+安全生产"技术手段,通过构建多层级管理和全员痕迹化管理体系,建立涵盖安全活动、隐患排查、专项方案、人机管理、风险管控、应急管理、内业资料等的一体化功能模块,实现安全管理动态化、可视化、体系化,压实各级、各部门、各类人员的安全生产责任,为建设、监理、施工等参建单位管理人员、分析决策提供数据支撑。

安全管理系统在工程建设领域能够充分发挥出"平安工程"创建工作中的示范效应,提高工程建设安全管理水平和效率,促进参建单位进一步加大科技创新力度,努力争创"平安工程",共同推动交通工程建设的安全发展、科学发展。

安全管理系统各模块具体功能如下:

1)安全活动

安全活动模块基于系统中完善的人员信息,在安全会议、教育培训、技术交底、班组教育活动中推行指纹签到、手写签字、实时上传活动照片及影像,相关记录可在电脑端查询,最大限度杜绝虚假会议、他人代签等问题,将活动记录与人员信息自动关联。模块可对活动计划、安全会议(图 6-23)、教育培训、技术交底、班组培训日志、班组教育(图 6-24)等信息进行在线新增、编辑、查阅操作,完成安全活动资料的管理、存储及归档。

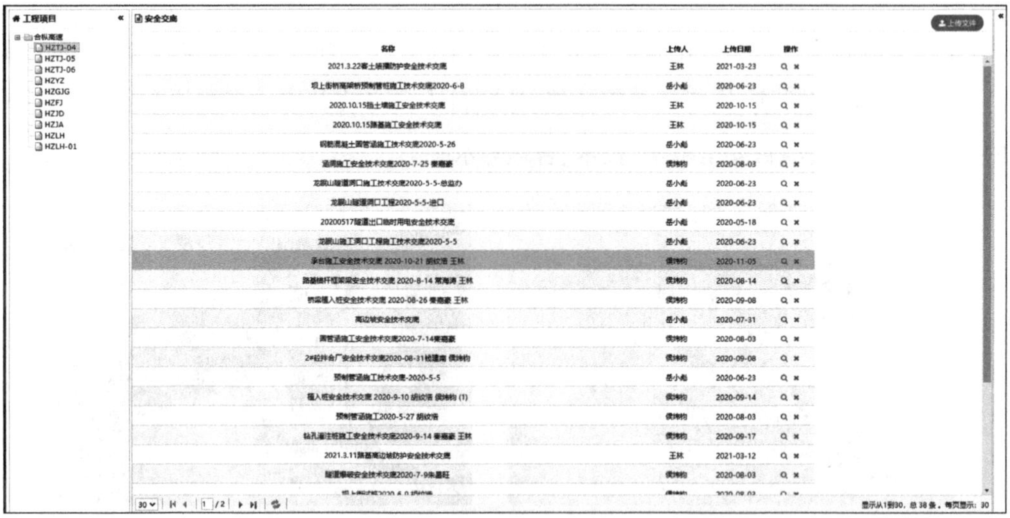

图 6-23 安全活动(安全会议)

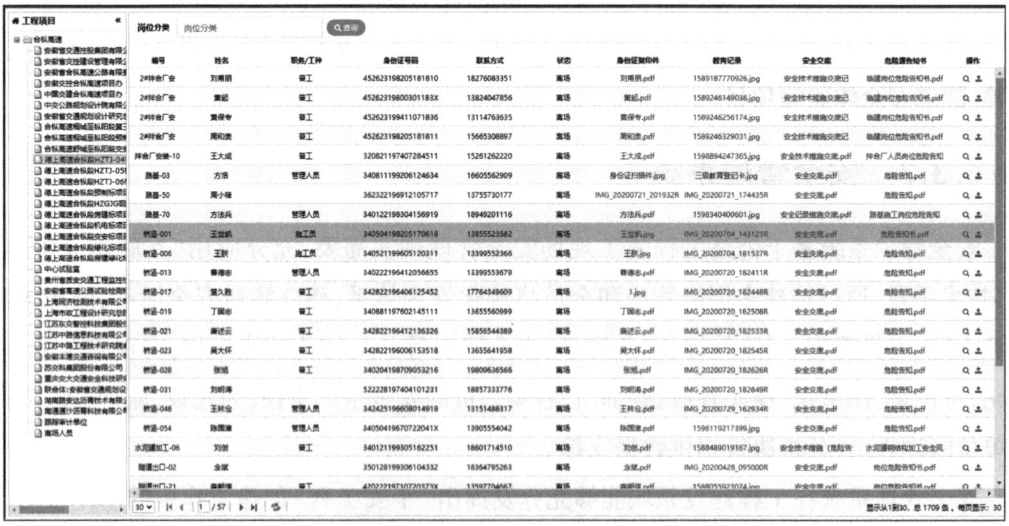

图 6-24 安全活动(班组教育)

2)隐患排查

隐患排查是安全管理人员重要的日常工作。隐患排查模块提供安全大检查、安全日志、巡查 GIS 地图、检查记录、整改记录等功能,可通过移动端与电脑端相结合的方式进行 APP 拍照巡查、在线提交、线下整改、线上审批、电脑端查阅等操作,可在平台中录入检查名称、检查时间、检查类型、检查标段、检查编号、检查人、检查项目、检查结果、状态等信息(图 6-25),并可对页面内容进行新增、搜索、重置。

第6章 施工环境智慧监测监控技术

图 6-25　隐患排查(整改记录)

管理人员借助本模块可高效、便捷地开展隐患排查治理工作,使用手机 APP 实现现场隐患实时提报、督办整改、确认闭合的闭环管理模式(图 6-26),减少安全隐患治理时间。通过信息化手段变革了手工台账、流转签字、人工统计的传统检查方式,让安全检查过程更加轻松、便捷,保证隐患管理流程可控、可追溯。

图 6-26　隐患排查流程

3)专项方案

专项方案是施工单位针对危险性较大工程编制的施工方案。系统对用户上传的危险性较大工程施工专项方案进行管理,并可进行检查验收工作(图 6-27)。

4)人机管理

人员管理模块建立"$N+1$"责任体系,按总公司、各子公司和项目公司等层级结构进行划分,录入所有人员姓名、证件号码、岗位、部门、种类、进出场登记等信息,快速配置"一人一档",档案资料可一键打印,采用"一人一码"实现人员资料扫码检查,还可进行在线答题与自我教育。在花名册模块可录入所有单位的人员基本信息、个人档案、教育培训、进出场等资料,形成花名册。在人员管理模块中,可对人员信息进行删除、修改、搜索及重置(图6-28)。

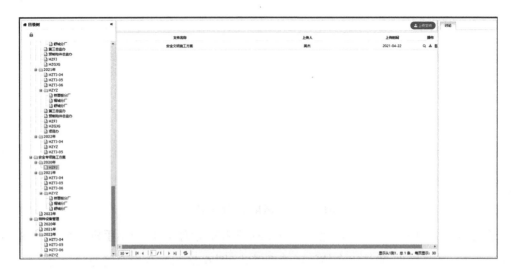

图6-27 专项方案

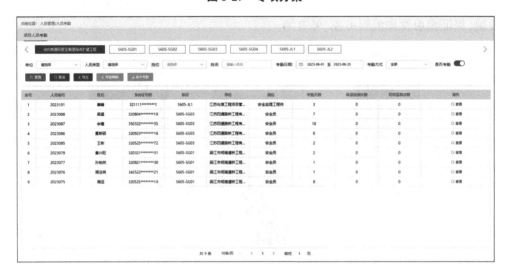

图6-28 人员管理

设备管理模块对项目相关公司、项目在场机械设备总数、一般设备、特殊设备、关键设备的数量进行统计。对进场设备实施"一机一码"管理,实现设备资料扫码检查、手机在线提交检查记录、设备维保自动提醒。通过项目级操作端可进行设备信息采集、录入,实时了解各子公司(项目)各类设备的信息,为设备增补及资产管理提供依据(图6-29)。

5)风险管控

风险管控模块提供危险源辨识参考模板,形成多种类型危险源辨识模板库和辨识表,供

第6章 施工环境智慧监测监控技术

用户使用。在布设"风险源智能终端"的项目,安全管理人员巡查时经过风险源区域,便会自动收到APP的消息推送,马上获知附近风险源的详细信息,提醒附近安全人员对危险源进行管理;通过在手机上查阅检查清单,即时完成全面的隐患排查并上报安全管理系统;对于排查出的问题,立即下发整改通知单,直至整改闭合。登录电脑版"风险源智能终端",还可以实时查看风险源的全景GIS地图分布、隐患排查台账及检查清单。通过"风险源智能终端"的应用,实现隐患排查治理的智能化管理。

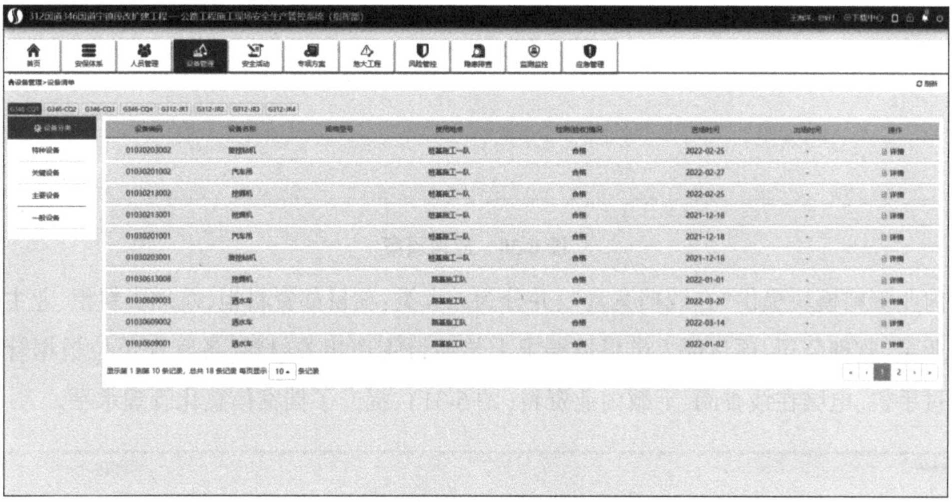

图6-29　机械管理

6）应急管理

针对施工现场发生的紧急事故,可通过应急管理模块实现事故情况快速上报、事故信息自动抓取、事故消息通知提醒、应急处置一键启动、应急任务自动分配。通过系统可完成应急处置模拟演练,降低应急演练成本,提高施工单位应急处置效率,规范应急管理程序,加强事故管理能力。

应急管理模块提供对应急预案、应急演练、事故报告的管理功能。应急预案功能,可实现录入应急预案资料编号、资料名称、编制时间、附件等信息,可对内容进行新增、搜索、重置;应急演练功能,可录入应急演练相关资料编号、资料名称、编制时间、附件等信息,可对内容进行新增、搜索、重置;事故报告功能,可录入事故报告资料编号、资料名称、编制时间、附件等信息,可对内容进行新增、搜索、重置(图6-30)。

7）内业资料

内业资料模块用于维护、管理和展示企业安全管理相关材料,包括组织架构、方针与目标、从业人员资格、安全管理规范、法律法规和双机制建设,功能包括企业安全管理所涉及的各项内容的增加、修改和删除操作。

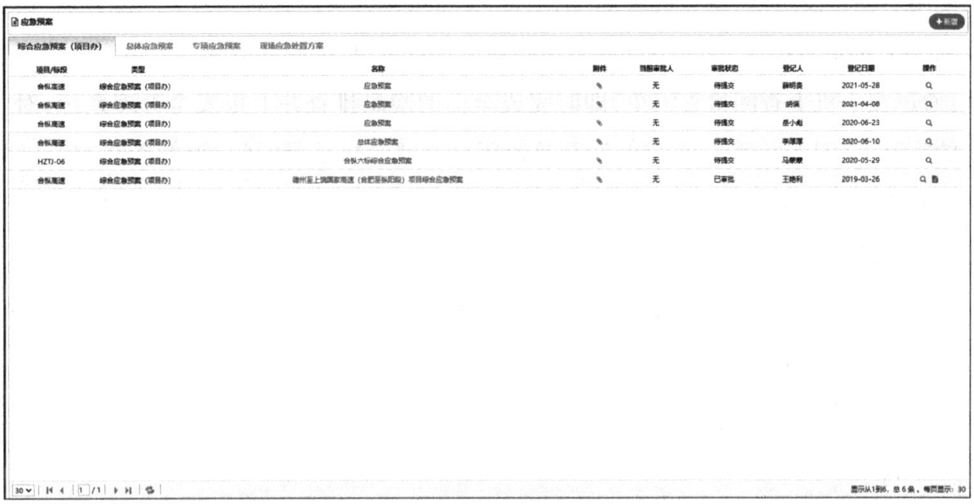

图 6-30　应急预案

内业资料模块提供"在线档案盒",并分为三大类:项目部资料柜、监理资料柜、业主资料柜。业主、监理公司、项目部人员根据要求上传项目管理相关材料,各管理单位根据管辖权限通过手机、电脑在线查阅、下载内业资料(图 6-31),提升了档案信息化管理水平。

图 6-31　安全内业资料管理

8)安全指数

安全指数模块内置安全指数评分标准,以柱状图形式展示各公司、项目的安全管理得分;自动统计各月度、季度的各公司得分情况,通过弹窗展示各公司、项目的安全指数各项参数得分统计。通过定期对各公司的安全指数进行统计,可以直观展示各公司安全管理的综合实力(图 6-32)。

第 6 章　施工环境智慧监测监控技术

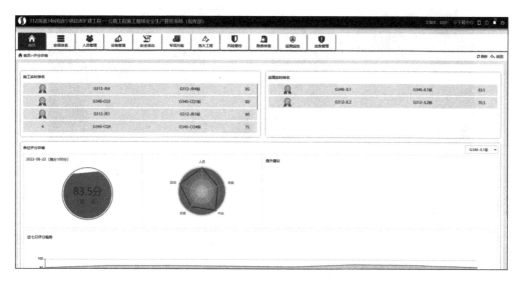

图 6-32　安全指数

6.4　视频监控

在试验室、拌和站、预制场等施工重点区域、危险区域,安装网络云台摄像机、网络硬盘录像机(录像存储),采用宽带、3G/4G 等方式将视频、图像上传至服务器,通过终端设备可远程访问现场视频图像,实现施工现场质量安全监控的可视化、网络化、智能化。视频监控系统功能架构见图 6-33。

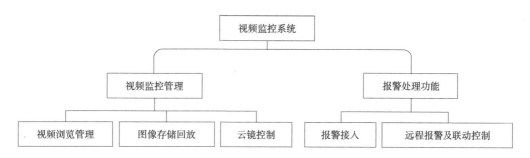

图 6-33　视频监控系统功能架构

6.4.1　试验室操作监控

在工地试验室的土工室、力学室、沥青室、沥青混合料室、水泥室、水泥混凝土室、化学室等主要功能室安装摄像头,实时监控试验人员进行相应试验的操作过程,对试验操作的规范性进行监督(图 6-34)。

图 6-34 试验室操作监控

6.4.2 重要场站监控

在预制梁场、小型构件预制场、拌和站、钢筋加工场等重要场站安装摄像头,实时监控场站的规范化管理,防止安全事故的发生,并能够通过视频对一些不规范的施工操作进行追溯(图 6-35)。

图 6-35 重要场站监控图

6.4.3 重大危险源的监控

在门式起重机、现浇梁支架、高墩施工等重大危险源安装摄像头,实时监控重大危险源作业,加强项目的安全管理(图 6-36)。

6.4.4 人员不规范行为监测(安全帽门禁)

通过自动识别系统对现场监控设备拍摄到的图像进行人工智能识别分析,实时监测人员是否穿戴安全帽、反光背心等行为,真正做到安全生产信息化管理,做到事前预防、事中常态监测、事后规范管理,保障施工人员及财产安全。自动识别系统架构见图 6-37。

第6章 施工环境智慧监测监控技术

图 6-36 视频监控

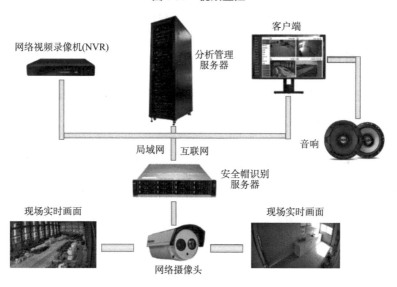

图 6-37 自动识别系统架构

自动识别系统的主要功能如下：

①视频/图片识别：系统可以直接接入相机、摄像机，可以分析图片、视频。

②人员采集：可以自动识别拍摄区域内的人员。

③安全防护设备穿戴识别：可自动识别不正确佩戴安全帽、抽烟、不穿反光背心等不规范行为（图 6-38）。

④越界检测：可在监控机器视线区域内划定虚拟界线，若有人闯入，则发出报警，保障安全。

⑤报警功能：如发现有人员未佩戴安全帽、抽烟、未穿着反光背心等情况，可以在监控室发出语音报警，提醒管理人员处理。可实现全天候智能全自动分析，无须人员值守，无须人为操作。

a)安全帽佩戴检测及人脸识别　　　　b)抽烟识别

c)烟火识别　　　　　　　　d)反光背心穿戴识别

图 6-38　自动识别系统示意图

6.4.5　设备配置

针对上述监测功能,根据所需功能配套相关硬件设备,以便实现视频监控功能。视频监控系统所需设备的参数如表 6-3 所示。

视频监控设备参数　　　　　　　　表 6-3

序号	设备名称	技术规格
1	现场视频监控球机 (含野外支架、地笼、 太阳能、电池)	200 万像素 CMOS ICR 红外阵列筒型网络摄像机; 工作温度: -30~60℃; 工作湿度:≤小于 95%(无凝结); 电源供应:DC 12V±25%/PoE(802.3af); 红外照射距离:50m; 防护等级:IP67
2	智能视频监控枪机 (含野外支架、地笼、 太阳能、电池)	200 万像素红外摄像机; 分辨率为 1920 像素×1080 像素帧率:30fps; 电源:AC24V,40W(其中,加热 6W,红外 12W); 支持 IP66 级防水; 工作温度: -30~65℃; 支持宽动态、透雾、强光抑制、Smart IR、3D 数字降噪

第6章 施工环境智慧监测监控技术

续上表

序号	设备名称	技术规格
3	自动识别系统(安全帽佩戴、反光背心穿戴等识别)	CPU:酷睿 i7/i9 四代或以上; 支持安全帽识别、烟火识别、抽烟识别三类算法; 主机支持4路摄像头; 内存要求:4GB 或以上; 识别准确率:≥95%; 图片分辨率≥200 万像素

6.5 智慧监测与其他平台融合应用

6.5.1 人员管理和视频监控关联

通过施工现场的监控设备,对施工人员的违规操作进行识别并抓拍,实时上传至管理平台,形成图片记录(图6-39),将人员考勤数据、人员定位数据与视频监控数据关联,为人员管理提供有力依据。平台还可以统计人员违规操作次数、预警次数等,为人员信息化管理提供数据支撑,有利于在复杂的施工环境中对施工人员进行基本的考勤管理以及行为安全管理。

图6-39 视频监测抓拍记录

6.5.2 安全管理与 BIM 融合

对BIM模型根据工艺进行分类,将智慧工地平台安全管理模块设置的安全隐患、防范预控措施等信息按照特定的编码与BIM模型对应的施工位置进行数据挂接,根据实际施工进度自动提醒进行安全隐患排查,对存在安全隐患的位置进行施工全过程的追踪,根据安全管理的效果对项目的安全管理情况进行考核评价,有利于保障施工过程中人员、机械及施工的安全。将安全管理数据存入后台数据库,为后期运维提供数据参考。安全管理与BIM融合效果如图6-40所示。

图6-40 安全管理与BIM融合

6.6 本章小结

本章通过对施工过程中环境问题、安全问题现状以及当前监测手段的分析,响应国家对于节能环保、安全生产的要求,提出应用智慧化手段进行环境、安全监测监控。

在环保监测方面,应用自动化的大气、噪声监测设备实时监控污染程度,绿色管理平台对数据进行处理、统计、分析,及时对超标情况进行预警、处理,对工程进行阶段、整体的环保评价。

在安全监测方面,对架桥机、门式起重机等特种设备作业情况进行实时监测跟踪,通过VR体验馆进行安全体验教育,在安全管理平台形成安全隐患排查记录等,并对各单位安全管理水平进行评价。

在视频监控方面,对试验室、拌和场(站)、重大危险源进行全方位的监控,对施工过程中人员穿戴安全帽、反光背心等行为进行人工智能识别,监控数据实时上传并存储在智慧工地平台的对应模块。

智慧监测平台获取的数据能够和智慧工地平台其他模块进行联动,共同处理、分析,如视频监控系统的人员行为抓拍记录可以和人员管理模块的人员考勤数据、人员定位数据进行关联,实现对人员进行考核评分。而安全管理模块则可以和BIM平台进行数据对接,实现工程安全的可视化。

目前,已有大量工程进行环保监测、安全监测、视频监控的信息化管理,有效地减轻了环境污染,保障了施工安全,提高了资源利用效率,降低了施工成本,展示了公路工程建设中智慧监测的重要性,创造了良好的社会效益及经济效益。

第7章 智慧工地多业务集成平台开发应用

本章主要介绍智慧工地系统平台的总体架构、应用架构、用户架构等,以及智慧工地多业务集成平台开发设计思路。结合合枞高速公路项目的实际开发应用,对智慧工地多业务集成平台中的智慧管理、智慧施工、智慧检测和智慧监测等各功能业务进行描述,将采集的大量数据相互关联并转化为直观的模型,实现公路工程施工管控的可视化。

7.1 智慧工地多业务集成平台设计

智慧工地多业务集成平台是一个综合项目管控信息平台,利用物联网、人工智能、传感器等先进技术,深度融合 GIS 数据、物联网数据等,围绕项目施工过程管理,建立互联协同、智能生产、科学管理的施工项目信息化生态圈,实现工程施工可视化智能管理,以提高工程管理信息化水平,从而逐步实现绿色建造和生态建造。

7.1.1 总体设计原则

智慧工地多业务集成平台的设计重点是实现多应用系统的全面开发,从而建立全面的应用系统架构群。

为了保证系统正常运行,并实现预期的功能,智慧工地多业务集成平台的设计、选型以及开发过程应该遵循如下原则:

①总体规划、分层实施原则:对系统进行总体设计,而后开始设计工作,在总体设计的指导下进行分步开发。

②完备性原则:系统应该践行体系化理念,全面考虑用户需求和逻辑架构,保证系统结构合理性和规范性。

③可靠性原则:即在一定的时间内,系统能够准确地完成一定的功能。

④安全性原则:在系统所有业务里,都应该考虑避免遭受计算机病毒、恶意程序的攻击,防止发生数据的丢失与泄漏。

⑤可操作性原则:系统软件严格按照需求定制功能,布局清晰、操作简单灵活、符合用户操作习惯,能够流畅响应用户的操作,直观展示系统界面及输出数据,避免功能冗余、不符合实际使用需求。

⑥标准化原则:系统软件应符合国家、行业标准,便于升级和支持新硬件产品。

⑦可扩充性原则:信息技术的飞速发展以及用户需求的更新变化使得系统的功能往往也需要进行阶段性改进与扩充,因此系统应该具有可扩充性。在今后业务发生变化时,模块的增加和对模块的修改不应对其他模块产生影响。

7.1.2 总体架构设计

架构设计时需要考虑数据库的选择、用户界面的选择、界面的灵活性及性能等方面。各级用户业务权限相互独立又受上级管理,且不同层级用户可根据自己实际业务设置不同业务权限,用户与项目、用户与用户、项目与项目间都存在高度的业务耦合,保证在满足各级用户及项目权限的基础上,又能使各级内部数据相对独立。

7.1.2.1 总体架构

智慧工地多业务集成平台为实现各类数据集成与共享的可操作性,需形成统一的数据对接接口标准,并建立统一的基础信息数据库。因此,智慧工地多业务集成平台总体架构如图7-1所示。

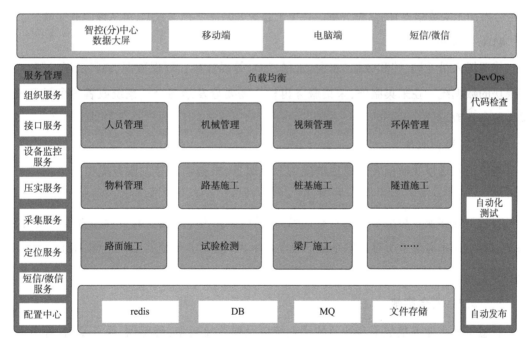

图7-1 平台总体架构

智慧工地多业务集成平台为了保持不同子系统的独立性以及整个智慧工地的统一性,将各个子系统都涉及的业务抽取成独立服务,涉及的服务有组织服务、设备监控服务、采集服务、压实服务、短信/微信服务等,各个服务给各个子系统提供业务数据,各个子系统只需要将业务数据转换成结果数据,子系统将各自业务的结果数据统一集成到智慧工地智控中心大屏进行集中展示,用户可以通过智控中心大屏查看各个模块的统计数据。

1)组织服务

将整个智慧工地多业务集成平台的标段(项目)管理、用户管理、菜单管理、公司管理、权限管理整合到一起。用户登录智慧工地多业务集成平台或子系统都需要通过组织服务统一登录。不同用户的权限都需要通过组织服务统一配置。

2)设备监控服务

所有机械设备状态监测设备的数据都发送到设备监控服务,统一处理每台机械的监测数据,形成对应设备的轨迹数据、工作时长以及工作时间分布等。服务不涉及任何业务逻辑,仅向各个涉及机械设备管理的子系统提供与设备相关的共性数据,减轻了子系统的数据清洗、处理、存储的压力。

3)压实服务

为路基压实和路面的摊铺压实提供数据支撑服务,接收高精度定位设备数据,对数据进行初步过滤、清洗(根据过滤规则过滤异常数据,再进行计算和分析),提供施工数据(碾压遍数、逐桩号摊铺压实数据等)的简单分析。各个子系统如果需要相关数据,可从该服务提取。

4)采集服务

将现场人员考勤、拌和数据(水泥、水稳、沥青等混合料)、环保数据、物料入场、试验检测等模块的数据统一在采集服务,采集服务再根据需要分发给各个子系统或者各个子系统从采集服务提取。

5)短信/微信服务

将短信发送以及微信发送单独集成为一个服务,根据消息转发服务提供的数据进行消息推送。

智慧工地多业务集成平台的所有代码都托管在 Git 中,集成代码自动检查等功能,使用 Jenkins 结合 Git 实现了所有开发系统的自动化部署,减少了系统的维护工作,提高了开发工作的效率。

7.1.2.2 安全措施

智慧工地多业务集成平台涉及的子系统以及模块比较多,传感器、服务平台、业务子系统之间的传输数据接口比较大,各个模块的数据量也比较大,数据安全性尤为重要。本系统从应用层和系统层两个方面加强了数据的安全性管理,主要措施如下:

①数据库只提供应用账号访问,且关闭外网访问权限,只保留了通过堡垒机访问的端口。

②每天定时全量备份数据,且会异地存储,保证了数据的完整性。

③应用防火墙只开通了特定端口,且提供日志审查功能。

④所有对外地址都采用 HTTPS 协议,数据对接和传输需要进行身份识别,对所有传输数据进行加密后再传输。

⑤开发框架针对 SQL 注入攻击、XXS 攻击、CSRF 攻击等常见的攻击行为设有应对措施。

7.1.3 平台架构设计

智慧工地多业务集成平台是一个综合管理平台,通过其将项目施工及管理中的各项业务统一管理起来,打通各业务系统间的数据壁垒,实现数据的统一和共享,并能为项目决策提供数据支撑。利用信息及数据交互技术,建设一个包含项目施工过程中各类业务的综合管理平台,并实现各业务模块数据间的深度融合和共享。智慧工地多业务集成平台的业务网络架构如图 7-2 所示。

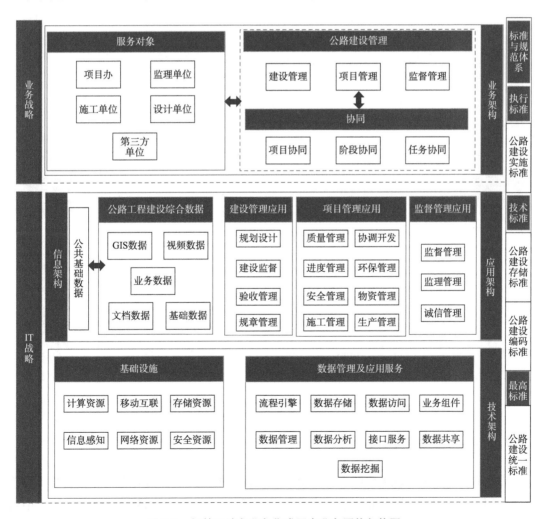

图 7-2　智慧工地多业务集成平台业务网络架构图

智慧工地多业务集成平台各个子系统对采集到的数据进行后台处理。针对不同模块采集的数据，系统设置了分级预警机制，对每个参数或者几个参数综合起来设置阈值，对超出阈值的范围进行等级划分。一般从两个维度来分等级预警：第一个维度根据参数值的范围来确定不同等级，偏差越大则等级越高；第二个维度是根据异常数据的出现频率来确定预警等级，频率越高则等级越高。各个模块都设置了过滤机制，针对采集的关键数据设定了合理范围，设置了关键参数"一票否决"权，关键参数超出合理范围就会判断施工不合格。

智慧工地多业务集成平台各个子系统之间的业务独立，互相不影响。各个子系统业务功能研发（包括代码架构、功能开发、功能测试、功能上线）独立进行，互不干扰，各子系统开发采取完全前后端分离，后台采用 Spring 框架，前端采用 Vue 架构。对开发人员岗位进行精细化管理，开发效率较高。各个子系统的开发架构如图 7-3 所示。

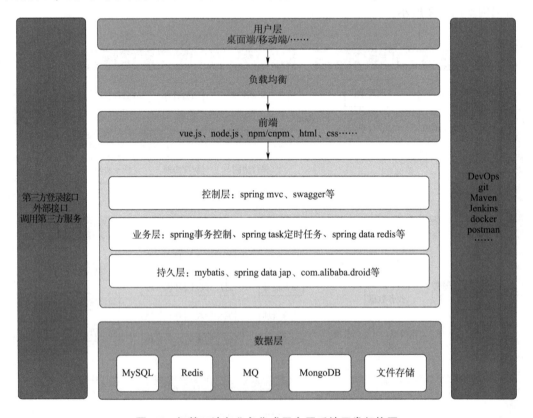

图 7-3 智慧工地多业务集成平台子系统开发架构图

7.1.4 应用架构设计

智慧工地多业务集成平台的应用主要分为设备应用以及平台功能应用。在公路工程施工、检测中，传感器、雷达、物联网仪器或智能设备等采集数据，经传输、处理后，在平台中对应的业务功能模块进行记录及展示，平台与机器间进行数据的交互，从而指导施工、检测。

智慧工地多业务集成平台的应用架构如图 7-4 所示。

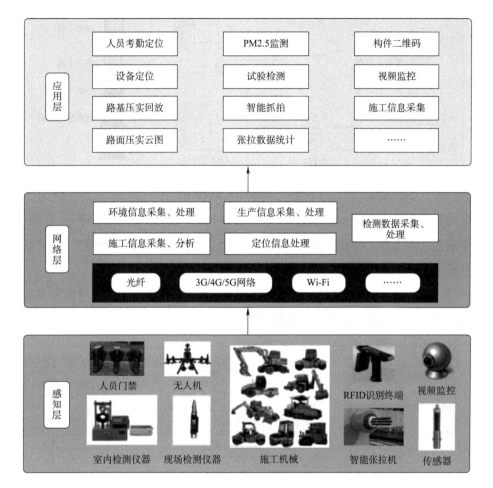

图 7-4 智慧工地多业务集成平台应用架构图

智慧工地多业务集成平台的应用架构分为感知层、网络层、应用层三部分。感知层中的无人机、物联网检测设备、联网施工机械、智能化生产设备等进行道路信息、检测数据、施工数据、生产数据等平台所需数据的采集及初步处理。通过网络层的移动网络、蓝牙、有线网络等途径传输采集到的数据。在云端进行数据的计算、处理、分析。在应用层的人员机械定位、试验检测、路基压实、路面摊铺、智慧梁厂等业务模块形成具体的功能应用。

7.1.5 数据架构设计

数据仓库（Data Warehouse）是一个面向主题的（Subject Oriented）、集成的、相对稳定的、反映历史变化的数据合集，用于支持管理决策。数据仓库是对多个异构数据源（包括历史数据）的有效集成，集成后按主题重组，且存放在数据仓库中的数据一般不再修改。数据仓库的系统结构如图 7-5 所示。

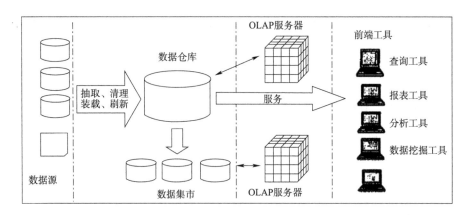

图 7-5　数据仓库系统结构

传统的数据库技术以单一的数据源(即数据库)为中心,进行事务处理、批处理、决策分析等各种数据处理工作。传统数据库系统强调优化企业的日常事务处理工作,难以实现对数据的分析处理,无法满足数据处理多样化的要求。

因此,智慧工地多业务集成平台根据数据库系统结构图,结合平台自身对于多方采集数据的处理需求,设计数据架构,如图 7-6 所示。

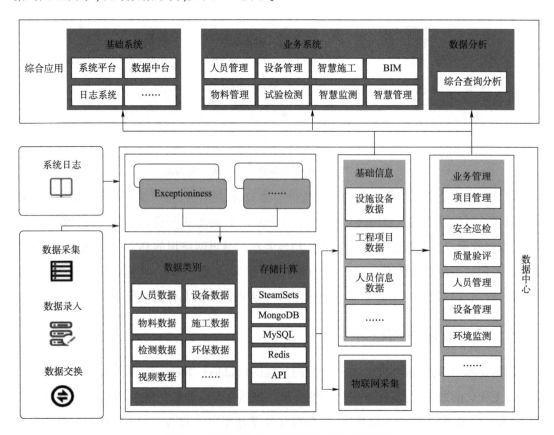

图 7-6　智慧工地多业务集成平台数据架构图

1) 数据获取

系统平台通过采集端获取数据,获取数据的渠道包括:

①直接从物联网生产设备、检测仪器或施工机械上获取,如构件张拉数据、回弹仪检测数据、摊铺机施工数据等。

②人工直接在平台中录入信息,如人员资料库信息、设备名称、设备类型等。

③从第三方平台通过接口获取,如部分物联网试验检测设备的检测数据、拌和站生产监测数据等。

2) 数据处理

获取的数据通过网络传输后,进行分类、存储及计算:

①数据存储:数据直接存储于数据库中。

②数据筛选:经过系统建模,设定规则进行数据筛选。

③数据统计、计算:从数据库中调用数据,经过公式计算后,获得新的数据。

3) 数据呈现

经处理后的数据在系统平台中进行展示,具体的呈现方式有以下几种:

①数据列表展示:人员资料库中人员的基本信息、施工过程直接获取的数据等均可通过列表的形式进行展示。

②统计分析图展示:将试验检测数据,路面压实温度、速度统计数据等绘制成不同形式的统计分析图。

③施工日报、月报展示:根据每日、每月施工机械获取的数据,对施工里程进行计算,通过调取数据库中的数据,对施工进度及质量做出评价。

7.1.6 用户架构设计

智慧工地多业务集成平台的用户包括项目的建设、施工、监理、检测等单位的管理人员、施工人员、检测人员,不同用户的使用权限不同。用户能够根据需要在自身应用权限的基础上选择不同模块的展示界面,进行个性化设置。

每个项目的项目经理在智慧工地多业务集成平台中的权限包括:项目管理、人员管理中人员的增减、设备管理中设备的增减以及其他功能的查看、新增、删除等。项目经理还可以对项目相关的施工、检测等单位在智慧工地多业务集成平台中的使用权限进行设置。

智慧工地多业务集成平台的用户架构如图7-7所示。

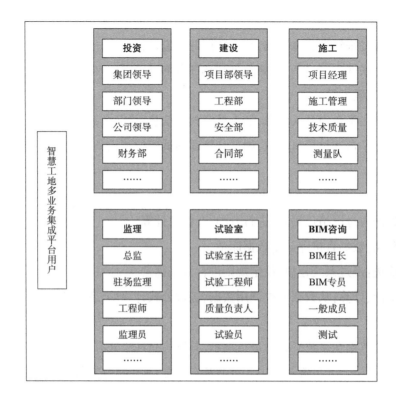

图 7-7 智慧工地多业务集成平台用户架构

7.2 智慧工地多业务集成平台功能

智慧工地多业务集成平台通过统一平台各子系统的硬件及软件接口,可以实现平台的前端、服务端以及 Web 端的数据采集、数据库访问、数据调取等;对平台的用户界面及界面交互进行设计,便于用户使用;建立数据库,对平台采集的大量数据进行类别筛选、直接调取、计算分析等。通过开发智慧工地多业务集成平台,能够实现公路工程施工、管理、检测、监测等方面的协同工作及可视化监管。

7.2.1 智慧工地多业务集成平台整体框架

智慧工地多业务集成平台整体架构如图 7-8 所示,涵盖前文所述智慧管理、智慧施工、智慧检测等方面的核心功能。

7.2.2 智慧管理

针对人员、机械设备、物料进行综合管理,实现项目主要管理人员的工作考勤、特定人员工作轨迹查询、主要进场机械的进场履约检查、作业状态管理、主要物资、材料的进场信息管理。

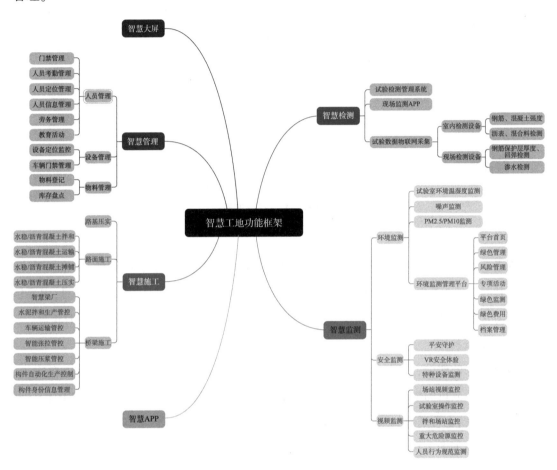

图 7-8 智慧工地多业务集成平台整体框架

7.2.2.1 人员管理

人员管理功能主要包括人员考勤、人员资料库、人员劳务管理、人员轨迹。通过人员考勤机、智能安全帽、智能手环等设备，将人员的相关信息上传至平台，在平台中可实时查看施工人员的姓名、进/出施工区域时间、所在班组、位置等信息，实现对施工人员的在线监管，保证工资及时发放，提高信息统计效率。

1）人员看板

综合展示项目各标段的管理人员及劳务人员在场情况，对各标段人员考勤情况通过统计图进行展示；对劳务人员的劳动合同、教育证明、身份信息等与工程相关的基本信息完善情况进行统计；对项目劳务工资发放情况、劳务回访反馈情况，通过不同形式的统计图进行展示。人员看板界面如图 7-9 所示。

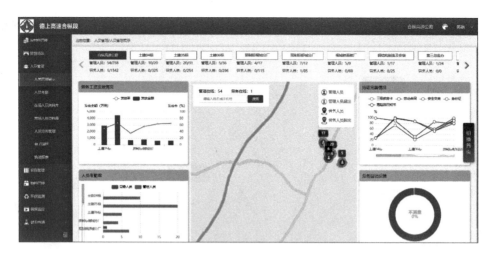

图 7-9 人员看板界面

2) 人员考勤

对各标段施工、监理、试验检测等不同岗位的人员,根据编号进行考勤统计。可根据单位、岗位、时间、姓名等查询考勤情况。能够通过对应入口查看个人的所有考勤详细信息,内容包括在线时长统计、考勤位置信息以及根据签到日期统计的签到时间、位置、在线工作时长等。

3) 人员资料库

项目相关的建设、监理、施工、技术服务单位的人员变动情况均记录在人员资料库中。基本信息包括人员的岗位、所属标段、所属单位、进场日期、离场日期等。人员具体的信息可通过详情查看,也可通过扫描人员专属的二维码查看。可随时在平台中更新人员信息。人员资料库界面如图 7-10 所示。

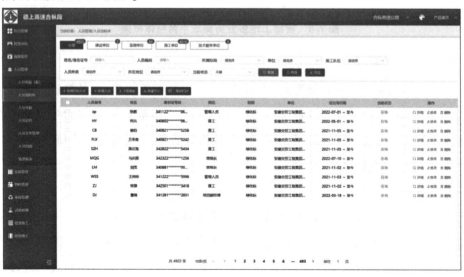

图 7-10 人员资料库界面

4) 人员劳务管理

对各标段劳务作业人员进行信息统计、工资发放、保险缴纳。对劳务专用账户的资金流向、金额、时间进行记录。对各标段工资发放时间、金额、人数进行记录,并能够查看各班组每位成员的工资发放明细,对所有在场人员工资进行统计,保证劳务人员工资准时发放。定期对劳务人员进行回访,调查劳务人员对工资发放的满意度。

5) 人员轨迹

通过人员考勤机、智能安全帽、智能手环等设备将人员的位置信息、工作轨迹、工作时长等信息实时上传至智慧工地多业务集成平台。

7.2.2.2 设备管理

设备管理系统可实现对工程项目主要施工机械的数量、工作状态、工作时长及施工位置等关键信息的实时记录、统计和分析。依照"平安工地"建设需求,同步导入设备相关资料,包括维修保养记录、进出场登记信息等,形成完整的设备详情信息,管理人员可根据实际情况在线完成设备的进场或离场操作。设备离场时,系统自动记录并同步隐藏数据库相应数据信息。设备进场时,管理人员可在线上传相关信息,系统自动在资料库中新增该设备的详细信息。

1) 设备看板

设备看板能够直观地显示项目各标段设备总数、在线数量、超出电子围栏设备数量统计结果,展示各类型施工机械工作时长。可查询设备具体工作信息,显示设备综合在线率、进出场动态。设备看板界面见图7-11。

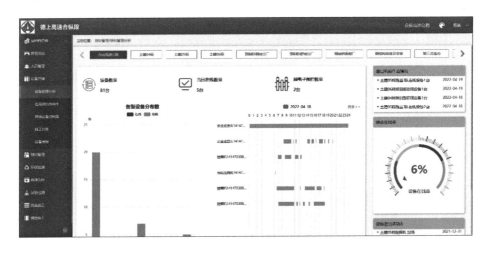

图7-11 设备看板界面

2) 设备资料库

对项目各标段使用的设备,根据设备编号记录设备类型、名称、进出场日期、负责人等信息。能够通过平台及扫描设备二维码查看除基本信息外的设备检测、维保记录等，可随时在平台中更新设备信息。

3）施工台账

根据施工机械联网工作获取的数据，对各标段当前在场机械的当日施工在线情况、当日工作时长、是否超出电子围栏进行记录并统计，用户可根据设备类型、编号、名称等查看各设备在具体日期的工作情况。

4）设备周报

在平台中可查看并下载对设备相关数据进行处理后得到的设备周报。设备周报内容包括本周项目各标段设备作业次数、作业平均时长、超出电子围栏车次等基础信息，以及各标段各种进场机械的分布情况、与上周设备作业率的比对等。设备周报如图7-12所示。

机械设备管理周报

（2023.05.15-2023.05.21）

一、本周概况

本周项目机械在线管理46台，在线作业0次，作业率0.0%，平均每日作业时长0h。同时超出电子围栏数量0次。

表1 设备作业整体状况

标段	设备总量	本周作业车次	超出电子围栏车次	作业设备平均时长（h）
—	—	—	—	—

二、设备在场分布情况

（1）各标段进场设备类型及数量分布如下：

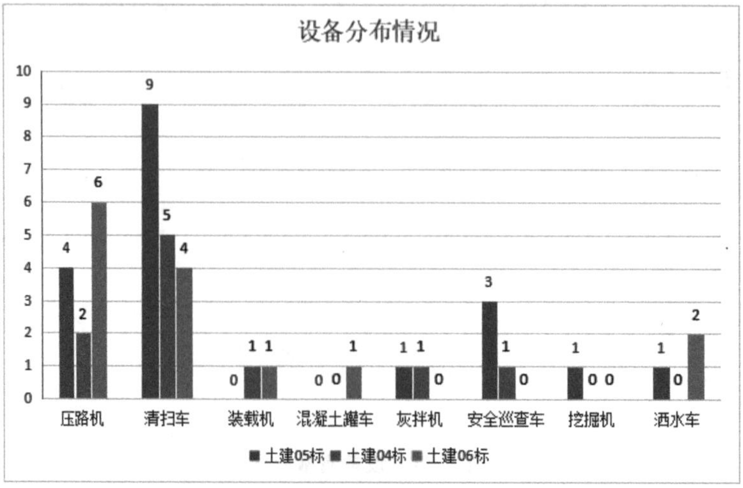

图1 各标段机械分布

图 7-12 设备周报（截图）

7.2.2.3 物料管理

物料管理系统通过物联网、红外、视频等技术实现对物资、材料过磅数据的采集,记录材料批次、类型、规格、入库数量、标段、时间等信息。

当库存不足时,系统自动推送提醒。在盘点库存物资时,支持导出各种盘点报表。可对物资原材料进场量、原材料出场量、原材料消耗量进行对比展示分析。物料管理界面如图7-13所示。

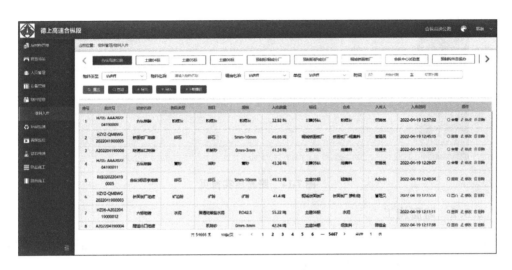

图7-13 物料管理界面

7.2.3 智慧施工

对路基施工、路面施工、桥梁施工进行质量管理,对施工进度进行在线监控,通过传感器、智能化施工机械等实时采集生产及施工过程中的时间、桩号、速度、温度等数据并上传至平台,实现施工过程的进度监管、数据分析、质量预警等功能。

7.2.3.1 路基施工

路基施工部分包括桩基施工及路基压实施工。

1)桩基施工

对桩基的施工过程进行监测,实时查看各标段桩基的施工进度,根据桩号统计桩基的施工工艺、成桩时间以及桩顶标高等检测信息。各类信息通过物联网仪器上传至系统,形成记录供用户查看。

2)路基压实施工

展示整体施工进度、当天各标段总施工里程、施工轨迹图及施工过程回放等,可查看施工机械连续上传的实时施工数据(包括碾压速度、碾压遍数等信息),见图7-14。系统对施工数据进行统计分析,可提供压实过程的振动压实值(VCV)、压实稳定性及压实均匀性的统计结果。对路基压实施工过程的异常数据,及时推送预警。可根据每日施工数据生成施工日报,便于管理人员在线查看施工情况。

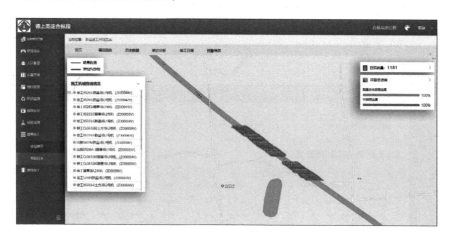

图7-14 路基压实首页

7.2.3.2 路面施工

路面施工模块提供对水稳基层以及沥青混合料面层的实时拌和生产、运输轨迹、摊铺里程、压实进度等全过程生产数据的在线查看、分析、监管、预警等。

1) 路面施工主页

路面施工主页展示当日施工的各标段的拌和、运输、摊铺、压实情况,通过地图可直观看到各标段各结构层的前场施工实况,如图7-15所示。可在主页点击项目,查看其施工进度,如图7-16所示。

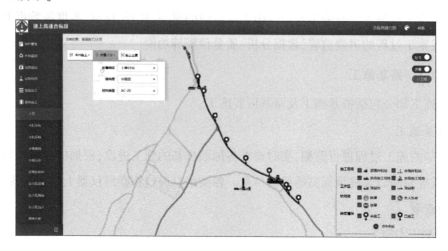

图7-15 路面施工主页

第7章 智慧工地多业务集成平台开发应用

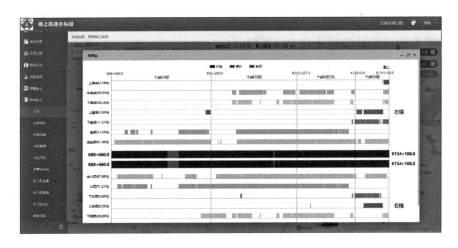

图 7-16 路面施工进度展示

2）水稳拌和

水稳拌和界面可显示项目各拌和站实时生产水稳材料的成分配比、用量以及生产预警整体情况。记录拌和楼上传的数据并进行记录，对水稳材料生产进度、生产总量、各材料用量等进行统计分析，对级配、集料配比、水泥剂量进行统计分析，当某项参数出现异常时及时进行预警。

3）水稳运输

水稳运输界面滚动展示当前运输车辆信息、出场时间、运输材料类型、运输重量等。水稳运输信息与拌和站数据、前场施工信息相关联，显示当前车辆运输材料的拌和站供应信息、运输车辆装料时间、开始运输时间以及摊铺时间。通过识别车辆的专属二维码获取数据，并在平台中展示。如果运输轨迹以及时间等出现异常情况，会推送预警。

4）水稳摊铺

以列表形式实时呈现水稳摊铺的时间、桩号、速度等信息。可查看当天的摊铺里程、施工云图、施工过程回放。可分析摊铺里程、摊铺速度数据，并以统计图的形式展示，对不合格数据发出质量预警。

5）水稳压实

实时上传水稳压实的时间、桩号、速度、压实遍数等信息，并以列表展示。可查看当天的压实里程、施工云图、施工过程回放。对钢轮压路机和胶轮压路机的压实速度、压实遍数数据进行分析并以统计图的形式展示，对不合格数据进行质量预警。

6）沥青混凝土拌和

沥青混凝土拌和界面(图 7-17)可显示项目各拌和站实时生产沥青混凝土的成分配比、用量以及生产预警整体情况。记录拌和楼上传的数据，并对沥青混凝土生产进度、生产总量、各材料用量等进行统计分析,对级配、骨料配比、拌和温度、油石比、拌和周期等进行统计分析,当某项参数出现异常时及时进行预警。

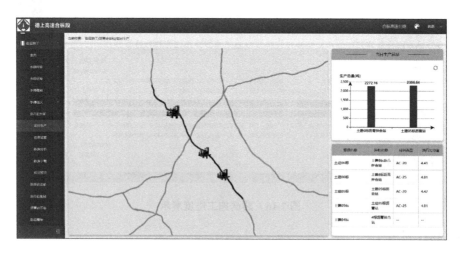

图 7-17　沥青混凝土拌和界面

7)沥青混凝土运输

沥青混凝土运输界面(图 7-18)滚动展示当前运输车辆信息、出场时间、运输材料类型、运输重量等。沥青混凝土运输信息的获取及统计分析的原理与水稳材料运输信息基本相同;但在沥青混凝土运输过程中还要对温度进行控制,可通过智能测温仪获取运输过程中材料的温度数据,为运输过程及前场施工提供辅助。

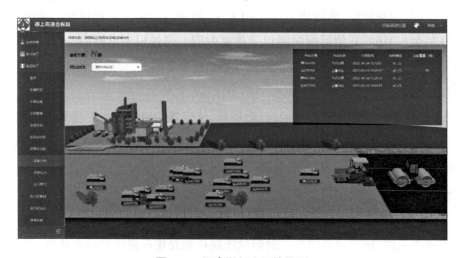

图 7-18　沥青混凝土运输界面

8)沥青混凝土摊铺

以列表形式实时展现沥青混凝土摊铺的时间、桩号、速度、温度等信息,用户可下载相关数据。可查看施工当天的摊铺里程、施工云图、施工过程回放。摊铺里程、摊铺速度、摊铺温度、温度离析情况等的分析结果以统计图的形式展示,对不合格数据进行质量预警。

9)沥青混凝土压实

沥青混凝土压实的时间、桩号、速度、压实遍数等信息实时上传至平台,按施工的结构层及材料类型展示相应的压实数据。可查看当天的压实里程、施工云图、施工过程回放。对钢轮压路机和胶轮压路机的压实速度、压实遍数、压实温度数据进行分析并以统计图的形式展示,对不合格数据发出质量预警。

10)路面看板

路面看板可总体显示前场、后场的施工进度,对路面施工质量的试验检测情况,水稳、沥青混凝土两种材料的拌和生产计划及进度、拌和质量监控、摊铺压实质量监控等信息,如图 7-19 所示。

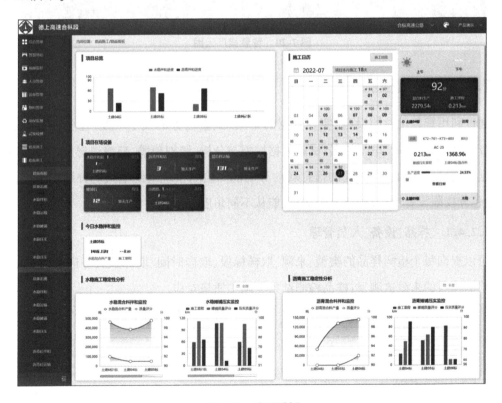

图 7-19　路面看板

7.2.3.3　桥涵施工

桥涵施工模块实现预制梁厂构件生产施工全过程在线监管。通过运用二维码扫描识别技术、RFID 技术等,实现构件编码的唯一性管理,对构件生产、安装进行追踪溯源。

在构件材料的混凝土拌和、运输管控中,对混凝土材料的配比、运输时间进行监测、预警。对预制梁板的布料、振捣、蒸养、张拉、压浆、喷淋进行智能化生产,并实现数据的信息化管理,实现预制梁生产全过程监管,如图7-20所示。

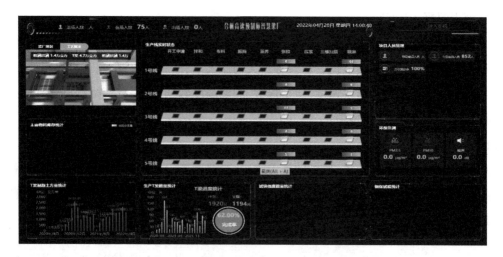

图7-20 智慧梁厂云图

7.2.4 智慧检测

通过利用智慧化检测设备,实现数据的采集、试验任务的线上下发、任务执行、线上审核、自动生成原始记录、电子签名、试验数据挖掘与分析、级别预警、环境温湿度在线监测、检测数据与项目管理和进料管理的信息联动等功能。检测系统组织框架能分级别、分层次建立,角色分权限设置,系统预留多个端口,能从不同角度展示相关成果。

7.2.4.1 样品、设备、人员管理

可以查询每个检测样品的类型、来源、取样标段、取样时间、取样人员等信息(图7-21),实现检测样品的来源追溯,将样品检测结果与施工质量对应。

图7-21 样品管理页面

第7章 智慧工地多业务集成平台开发应用

试验检测设备的维修、校准等各项信息均记录在管理平台中(图7-22),试验人员可根据条件查询某检测设备匹配的试验任务,也可根据提示信息及时维护设备。

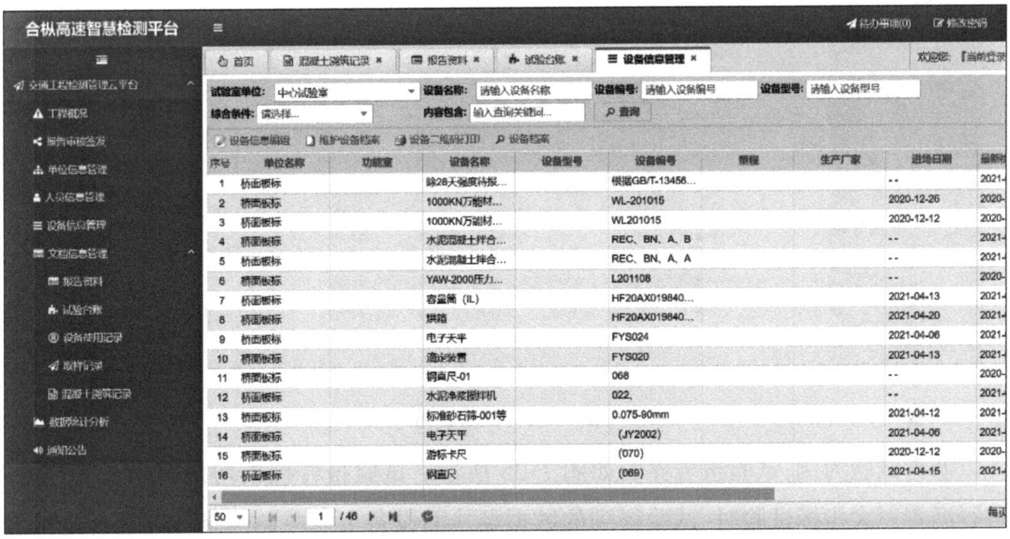

图7-22 试验设备管理界面

人员管理界面展示试验人员的基本身份信息、定位、健康及考勤信息(图7-23),并及时进行更新,便于根据不同项目及试验任务选择试验人员,并保证试验人员均符合要求。

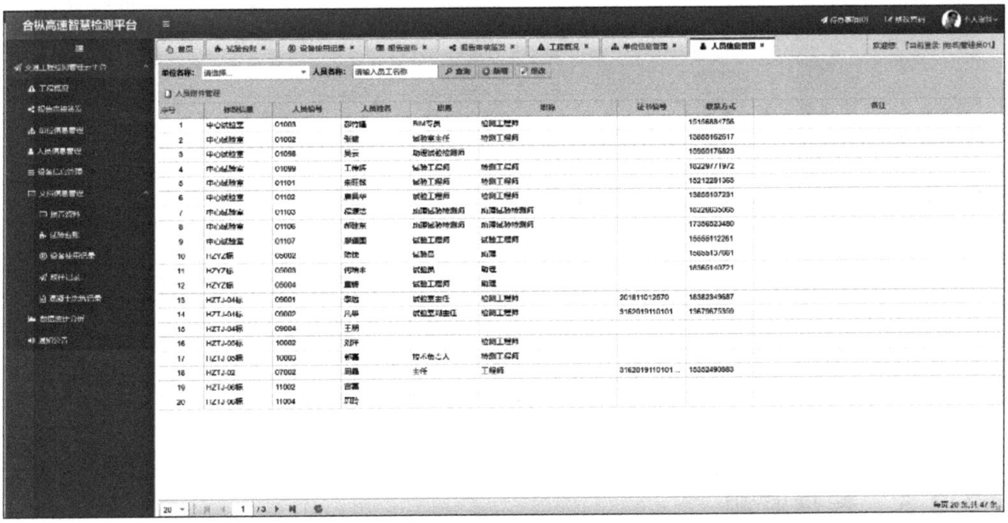

图7-23 人员管理界面

7.2.4.2 试验检测报告、数据统计分析

可查询并导出试验台账(图7-24)。对于试验检测过程中的不合格数据,根据预警等级以不同方式的推送消息,及时提醒用户处理。可在线查看实时和历史的试验监控视频。

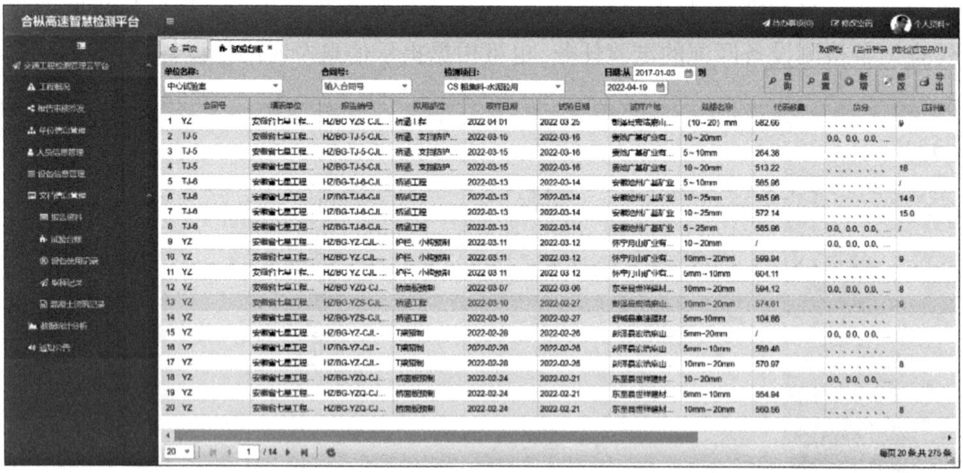

图 7-24 试验台账

以沥青试验为例,试验报告界面如图 7-25 所示。试验报告模板均提前录入管理平台。在进行沥青三大指标试验时,试验得到的数据经检测设备上安装的网络传输硬件上传至平台,也可以填写试验报告后上传至管理平台。

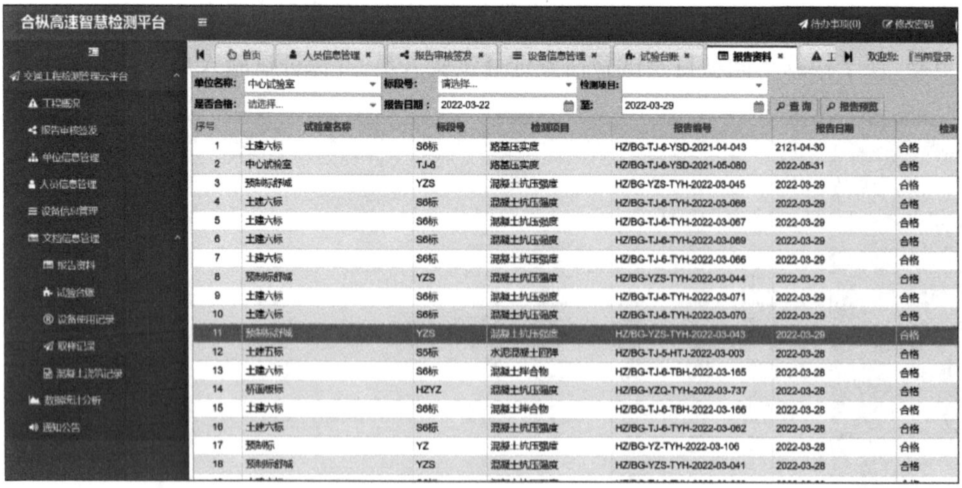

图 7-25 沥青试验报告界面

7.2.5 智慧监测

智慧监测主要体现在项目的环保监测及视频监控。在环境敏感区域,配置 PM10/PM2.5、噪声、风速等环境监测设备。在特大桥、枢纽互通、拌和站、预制场、沥青路面摊铺现场、工地试验室等重要部位实施远程视频监控,通过视频 AI 检测技术,对项目安全行为进行管控。

第7章 智慧工地多业务集成平台开发应用

7.2.5.1 环保监测

环境监测系统对工地扬尘污染和噪声污染进行监控,出现异常情况时推送预警信息,并通过环境监测管理平台对工程施工过程中的环保措施实施情况进行管理、监测、评价(图7-26、图7-27)。

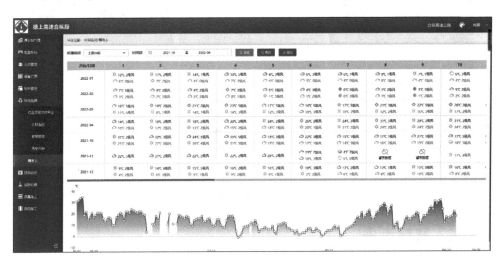

图7-26 环保监测晴雨表

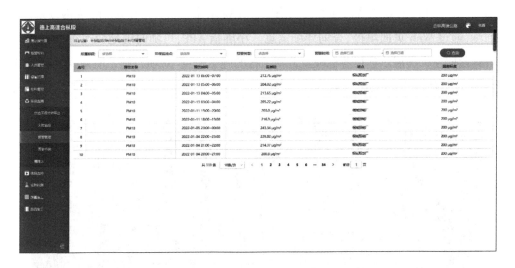

图7-27 环保监测预警

7.2.5.2 视频监测

在施工现场安装网络云台摄像机、网络硬盘录像机(录像存储),对试验室、拌和站、预制场等重点区域、危险区域进行在线视频监控,采用宽带、3G/4G等方式将视频图像上传至服务器,再通过终端设备远程访问现场视频图像(图7-28),实现施工现场质量安全监控的可视化、网络化及智能化。

图 7-28 视频监控

7.2.6 智慧大屏

通过智慧大屏实现各子系统的整合、集成，实现业务数据贯通及账号、权限互通，用户只需访问该统一平台，不必频繁访问不同的系统。系统采用"小屏+中屏"的架构体系。中屏指桌面端，通过 Web 页面填报、查询详细信息。小屏指 APP，可随时随地快速查询相关信息。

各标段智控大屏展示项目各标段及分项工程的施工进度，对项目施工质量、检测质量进行评价，对项目整体的人员管理、设备管理、物料管理、安全管理进行综合展示，如图 7-29 所示。

图 7-29 智慧工地系统智控大屏

7.3 本章小结

本章对前文所述各类智慧工地建设技术进行了集成应用,提出了智慧工地多任务集成平台的总体设计方案,并结合合枞高速公路的实际应用,对各模块功能进行了介绍,主要内容如下:

①针对智慧工地建设技术集成的需要,对平台的总体架构、平台架构设计进行了描述,并进一步阐述了智慧工地应用架构、数据架构、用户架构的具体内容。

②结合项目的实际应用,对智慧工地平台的总体功能框架进行介绍,详细介绍了智慧管理、智慧施工、智慧检测、智慧监测、智慧大屏等模块的功能。